THOMAS JERGER

ERNST MORITZ ARNDT

ZUM 250. GEBURTSTAG

Bibliografische Information der Deutschen Nationalbibliothek:
Die Deutsche Nationalbibliothek verzeichnet diese Publikation in der
Deutschen Nationalbibliografie; detaillierte bibliografische Daten sind im Internet
über http://dnb.d-nb.de abrufbar.

Herstellung und Verlag:
BoD – Books on Demand, Norderstedt

ISBN 9783732240715

INHALT

Abb. 1 Ernst Moritz Arndt (1769–1860)
Jacob Seib (1812–1883), Daguerreotypie, 1848.

VORREDE

Im Jänner 2019 schändeten Linksextreme in Bonn das Denkmal des deutschen Schriftstellers, Freiheitskämpfers, Historikers, Politikers und Patrioten Ernst Moritz Arndt mit den Worten „Antisemit" und „Rassist".*

Der Senat der Universität Greifswald entschied 2018 nach langjährigen Diskussionen und trotz öffentlicher Kritik, den Namen „Ernst Moritz Arndt" abzulegen. Ihren Namen „Ernst-Moritz-Arndt-Universität" erhielt diese 1933 auf Antrag des „Stahlhelm, Bund deutscher Frontsoldaten" vom preußischen Staatsministerium unter Hermann Göring. Nach 1945 hatte die Universität den „Namenszusatz" weggelassen, um ihn ab 1954 wieder offiziell zu tragen.

Während Arndt in der DDR weiterhin geehrt blieb, setzte in der BRD ab 1960 eine kritische, bisweilen den Namen auslöschen wollende, Beschäftigung ein. Darin wird deutlich, dass Arndt nicht nur in seiner Zeit sondern auch heute noch polarisiert, wenngleich der blinde Ikonoklasmus und „Haß" auf alles Deutsche und somit auf das Eigene, und die blinde „Liebe" und Anbetung dem Fremden gegenüber Züge annimmt, die den Arndt vorgeworfenen „Franzosenhass" und „Antijudaismus" noch übertreffen.

Dies gibt Anlass zu Sorge, denn damit wird nicht nur ein kulturelles Gedächtnis Deutschlands geschändet, das epochal wirkt, auch die Geschichtsvergessenheit und Blindheit vor einer korrekten historischen Einordnung bleiben bei diesen zerstörerischen Akten außen vor. Dabei ist Ernst Moritz Arndt eine Persönlichkeit, mit der man Geschichte begreifen kann. Seine Ansichten und Gedanken zu Nation und Vaterland wirken bis heute fort. – Daran ist nichts falsch.

Anlässlich des 250. Geburtstags von „Vater Arndt" will dieses Werk zu einer Verortung beitragen und in eine Zeit zurückblicken, die auch elementar für die Nation Deutschland und für die Burschenschaft war. Es folgt ausgewählten Passagen aus Zeitereignissen, Leben und Werk des deutschen Patrioten Ernst Moritz Arndt. Es entstand aus dem Studium von Primär- und Sekundärquellen, die über das Internet verfügbar sind, versteht sich als wissenschaftliche Annäherung und stellt keinen Anspruch auf Vollständigkeit. Die Bebilderung wurde sorgfältig ausgewählt und will illustrieren. Im Bildnachweis werden dazu weitere Informationen bereitgehalten.

Von Herzen danken möchte ich meiner Frau Gabriele für die liebevolle Motivation, dieses Werk herzustellen.

Salzburg im Oktober 2019   Thomas Jerger

I. Die Zeit, worin wir leben, hat uns Teutschen zugemuthet, politische Menschen zu werden

Ernst Moritz Arndts Leben und Wirken fand in einer Zeit statt, in der tiefgreifende Ereignisse Europa umwälzten und die deutsche Geschichte neu verhandelt wurde. «*Die Zeit, worin wir leben, hat uns Teutschen zugemuthet, politische Menschen zu werden* schreibt „Der Wächter" Arndt 1815 in der Vorrede.[1]

Er und seine Zeitgenossen gehörten einer Generation Deutschlands an, die politisches Denken neu formulierten und diesem einen Bedeutungswandel gaben, der bis in die Gegenwart wirkt. Arndt hat diesen Prozess öffentlich begleitet und mitgestaltet. Sein Werk fordert unentwegt zu einer intensiven Beschäftigung mit Begriffen wie Nation, Geschichte, Recht, Bildung, Literatur oder Glauben heraus, mag es ablehnend oder zustimmend sein. Taucht man in die Zeit dieses Umbruchs ein, findet man viele wahre Worte in seiner Rede, die Analogien und Spiegel zum Heute und Jetzt aufzeigen.

**

Abb. 2 Greifswald im Mondschein
Caspar David Friedrich (1774–1840), Öl auf Leinwand, 1817,
H: 22.5 cm; B: 30.5 cm. Nasjonalgalleriet Oslo, Inv.-Nr.: NG.M.00387.

II. WAS IST DES DEUTSCHEN VATERLAND?

**

1. VORPOMMERN, RÜGEN UND GREIFSWALD

Mit dem Westfälischen Frieden (1648) wurde Pommern, im Nordosten Deutschlands an der Ostsee gelegen, geteilt. Der westliche Teil des Herzogtums, Vorpommern, fortan Schwedisch-Pommern, fiel nach Aussterben des Hauses der Greifen an den schwedischen König. Als Randprovinz dämmerte Vorpommern ohne äußere Impulse und einer lockeren schwedischen Herrschaft vor sich hin. Über die Hälfte der Landbevölkerung war leibeigen, gebunden an die Scholle und auf den Gütern ihrer Herren verpflichtet.

Zu Vorpommern gehörte auch die Insel Rügen. Dort, auf Gut Groß Schoritz, das im Besitz der Grafen zu Putbus war, erblickte Ernst Moritz Arndt am 26. Dezember 1769 das Licht der Welt.

Ernst Moritz Vater, Ludwig Nikolaus Arndt (1740–1808), Leibeigener des Grafen von Putbus und Heidereiter (Förster), kaufte sich am 28. März 1769 für den Preis von 80 Talern frei und war bis 1776 Gutsinspektor und später Pächter auf Groß Schoritz. Er übernahm weitere Pachtgüter auf der Insel Rügen, danach auch in Trantow an der Peene und in Löbnitz. Nikolaus heiratete Friederike Wilhelmine Schumacher (1747–1804). Ernst Moritz Mutter prägte die Früherziehung des Knaben maßgeblich mit und machte ihn mit volkstümlichen Sagen und Bibelgeschichten bekannt.

Der frei geborene Sohn, anfänglich durch Hauslehrer unterrichtet, besuchte mit Unterstützung von Freunden von 1787 bis 1789 das Gymnasium im Katharinenkloster in Stralsund. Dort wurde er für seine erfolgreich bestandenen Prüfungen öffentlich gelobt, sah selbst jedoch im Lernen am Gymnasium keinen Sinn und verließ Stralsund. Er ging nach Zemmin, kehrte jedoch nach Intervention seines Vaters auf Rügen zurück und beendete schließlich aus der Ferne das Gymnasium.

Ab Mai 1791 bis 1794 studierte er an den Universitäten Greifswald und später Jena evangelische Theologie, Geschichte, Erd- und Völkerkunde, aber auch Sprachen und Naturwissenschaften. Seine Kandidaten- und Hauslehrerzeit absolvierte er bei Pfarrer Ludwig Gotthard Kosegarten (1758–1818), ehe er 1798/99 eine Bildungsreise durch Österreich, Ungarn, Italien und Teilen Norddeutschlands unternahm, um schließlich das revolutionäre Frankreich zu erreichen. Unter dem Titel *Reisen durch einen Theil Teutschlands, Ungarns, Italiens und Frankreichs in den Jahren 1798 und 1799*[2] schildert Arndt in vier Bänden mit wachem Blick die Eindrücke seiner Reisen, auf denen er das Alltagsleben und die Besonderheiten der Länder und seiner Bewohner lebendig beschreibt und so einen Einblick in das Leben zu Beginn des 19. Jahrhunderts gibt.

1800 fasste er seine Dissertation[3] ab, in der er sich gegen die Ideen des französischen Aufklärers Jean-Jaques Rousseau wandte. Am 22. April des gleichen Jahres bat er die Universität Greifswald um die Lehrerlaubnis für Geschichte und Philosophie, die ihm am 5. Mai vom Universitätskanzler Hans Henrik von Essen (1755–1824) erteilt wurde. 1801, als Arndt Privatdozent war, heiratete er Charlotte Marie Quistorp (1777–1801), die Tochter des Naturwissenschafters Johann Quistorp (1758–1834), die noch im selben Jahr nach der Geburt des Sohnes Karl Moritz (1801–1885) am Kindbettfieber starb.

Schon früh widmete sich Arndt der bäuerlichen Notlage und legte 1803 den *Versuch einer Geschichte der Leibeigenschaft in Pommern und Rügen*[4] vor. Mit dieser politischen Schrift in Form einer historischen Abhandlung kritisierte er empört das Bauernlegen[5] und die Leibeigenschaft in Vergangenheit und Gegenwart und forderte die Abschaffung derselben, was ihm Klagen von adeligen Gutsbesitzern einbrachte. In seinen *Erinnerungen aus dem äußeren Leben* (1840) schreibt Arndt dazu:

«Mein Büchlein machte natürlicher Weise Hass und Lärm, nicht bloß bei dem Adel, welchen ich darin am meisten anzuklagen schien, sondern auch bei den andern Halbvornehmen und bei manchen reichen und junkerisch gesinnten Großpächtern, welche schreien, ich sei ein Leuteverderber und Baurenaufhetzer.»[6]

Schließlich folgten 1806 die Aufhebung der Leibeigenschaft und der Patrimonialgerichtsbarkeit in Schwedisch-Vorpommern durch den schwedischen König.

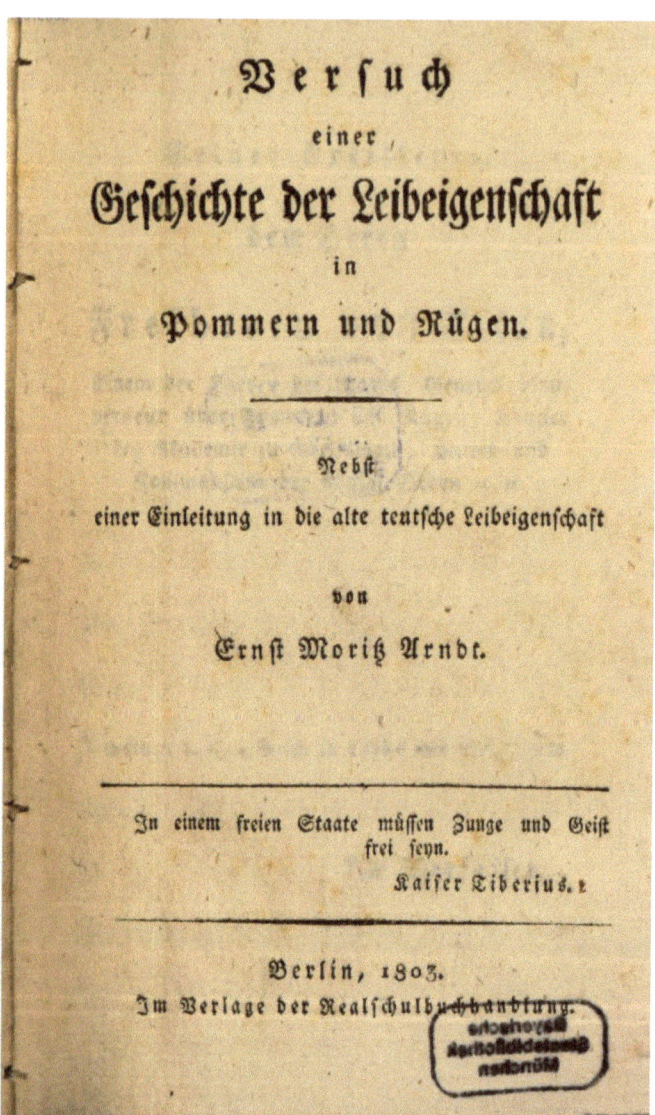

Abb. 3 Versuch einer Geschichte der Leibeigenschaft

2. GERMANIEN UND EUROPA

1803 legte Arndt die politische Schrift *Germanien und Europa*[7] vor. Darin fasste er seine Ansichten über die Geschichte Europas zusammen, die eine vergleichende Typologie der Nationen enthält. Er äußerte sich über die Notwendigkeit einer deutschen Nation und wandte sich gegen den Geist Roms, der nach Zerstörung der griechischen Harmonie zwischen Natur und Geist den schädlichen Absolutismus hervorgebracht habe. Diesem stellte Arndt das Ideal einer vom Einzelnen innerhalb eines Volkes geübten Humanität entgegen, die in unaufhörlicher Fortwirkung den Staat zum Schützer des Volkes und seiner natürlichen Rechte mache.[8] Für Arndt war das Bewusstsein, Mitglied in einer besonderen Nation zu sein, die sich von allen anderen Völkern unterscheidet und deren Eigenart es zu bewahren und zu verteidigen gelte, zentral. Um sich seiner Eigenart bewusst zu werden, muss ein Volk das Fremde hassen und das Eigene lieben. Der Gegensatz von „Liebe" und „Haß" ist Arndts Schriften inhärent, besonders auch in den Jahren 1812–1815.

In der Einleitung zu *Germanien und Europa* schreibt Arndt:

«*Liebe und Haß sind die Elemente der Welt und des Menschen, woraus alles gezeugt war und wird. Das Endliche muss ewiglich hassen, um ewiglich lieben zu können.*»[9]

Zugleich enthält *Germanien und Europa* eine erste längere Betrachtung der Tyrannei Napoleons. Für Arndt tritt dieser die allgemeinen Menschen- und Staatsrechte, wie Meinungs-, Presse- und Religionsfreiheit, die man während der Französischen Revolution vor Augen hatte und die Arndt forderte, mit Füßen:

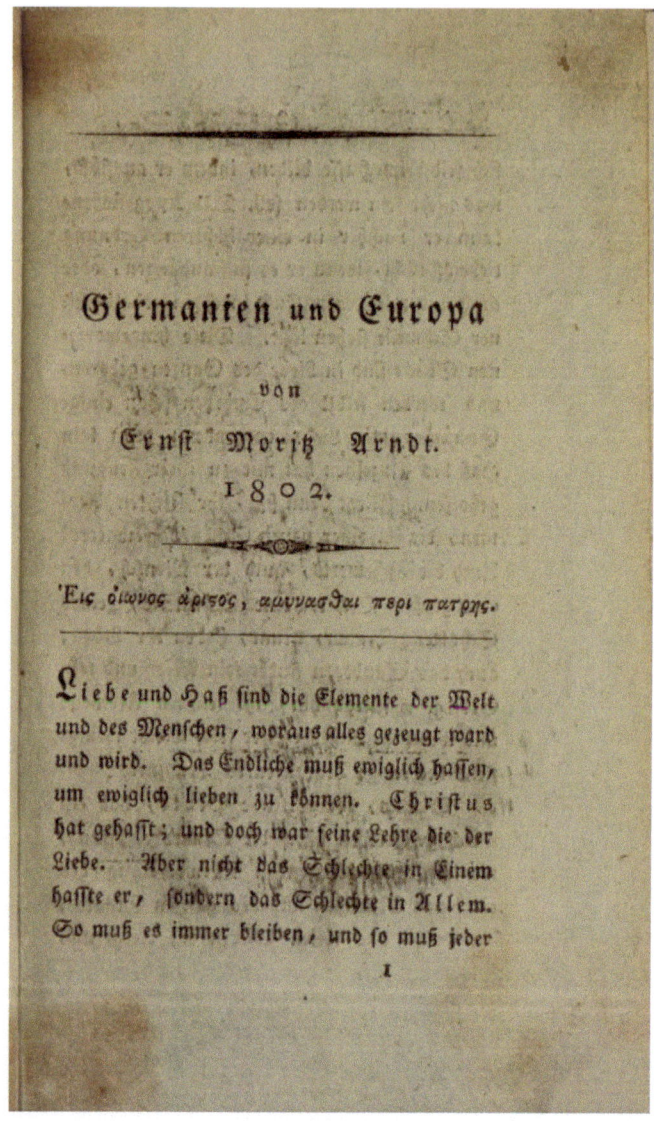

Germanien und Europa

von

Ernst Moriß Arndt.

1802.

'Εἰς οἰωνος ἀριϛος, ἀμυναϛϑαι περι πατρης.

Liebe und Haß sind die Elemente der Welt und des Menschen, woraus alles gezeugt ward und wird. Das Endliche muß ewiglich hassen, um ewiglich lieben zu können. Christus hat gehasst; und doch war seine Lehre die der Liebe. Aber nicht das Schlechte in Einem haßte er, sondern das Schlechte in Allem. So muß es immer bleiben, und so muß jeder

I

Abb. 4 „Liebe und Haß" in Germanien und Europa

20

*«Buonaparte kam im Herbst 1799 und griff rasch zum Werke [...]
Er schrie damals Freiheit und Gleichheit als Losung, und schalt die
Unterdrückten Monarchisten und Vaterlandsverräther; jetzt erklärt er
mit seinen Helfershelfern bald, es sey das Unglück aller Staaten, über
politische Ideen zu schwatzen und zu diskutieren; [...]»*[10]

Die Franzosen seien *«die elenden Eroberer, die unseligsten Völkerverderber»*[11]. Mit ihrem Handeln zerstören sie nicht nur die Sprache und Kultur der fremden Länder, sondern auch ihre eigene. Arndt warnte vor den wahren Absichten Napoleons. Warnungen, die – anfangs noch gemäßigt – wenige Jahre später eine Zuspitzung erfuhren, schließlich in Hass umschlugen und ein „politisches Dogma mit suggestiver Ausstrahlung"[12] formten:

*«[...]; die anderen alle hielten fest an ihrem fürchterlichen
Höllenfürsten, der ihnen gefiel.»*[13]

Abb 5. Glas mit Porträt Napoleon I. Bonaparte
Monogrammist A. K. (Nachahmer Anton Kothgasser),
um 1850, Glas, Email-Technik, Nordböhmen.

3. GEIST DER ZEIT

In den napoleonischen Kriegen (1792–1815) wandelte sich Arndt vom treuen Untertan des schwedischen Königs zum deutschen Patrioten, wobei ihn besonders die französische Besetzung Greifswalds in Verzweiflung versetzte. Als Napoleon auf dem Höhepunkt seiner Macht weite Teile Europas unterworfen hatte, erschien im Herbst 1805 sein gegen diesen gerichtetes, wortgewaltiges Werk *Geist der Zeit*[14], das für sein eigenes Leben, sein Urteil über Napoleon und die französischen Ansprüche entscheidend war und sich in den Ereignissen der folgenden Jahre vor aller Augen bestätigten.[15]

Wenige Deutsche kannten die damaligen Zustände Frankreichs aus eigener Anschauung so gut wie Arndt und benannten so explizit den Despotismus des Siegers und das Deutschfeindliche in ihm.[16] Arndt wandte sich gegen den Universalismus Napoleons und den französischen Rationalismus und machte als Gründe für die Niederlage die „Treulosigkeit" der Fürsten und die Uneinigkeit der Deutschen aus.[17] Unter Verzicht auf ihre selbstsüchtigen Tendenzen sollten die deutschen Völker, Adeligen und Fürsten diesem entgegentreten, um die in der Niederländischen und Schweizer Geschichte sichtbar gewordene Uridee der Volksfreiheit in einer Kultur zu verwirklichen. Er bekannte sich zum Zusammenschluss Nord- und Süddeutschlands und unter dem Einfluss der Romantik zu den mit Skandinavien gemeinsamen mittelalterlichen Überlieferungen.[18]

Konsequent trat er für ein deutsches Nationalbewusstsein ein. Die Besinnung auf das Verbindende und die Abgrenzung nach außen waren fundamentale Elemente. Die Loyalität des Staatsbürgers zu seinem Vaterland sollte die Treue des Untertanen gegenüber den

Fürsten ablösen. Mit seiner Haltung war Arndt anfänglich isoliert, erregte aber umso mehr die Aufmerksamkeit deutscher Patrioten.

Geist der Zeit machte großes Aufsehen und warf ihn selbst aus der Gelehrtenstube in die Gefahren eines wilden Völkerkampfes.[19]

4. Exil in Schweden und Russland

1805 wurde Arndt außerordentlicher Professor in Greifswald. Im gleichen Jahr geriet er mit einem schwedischen Offizier, der das deutsche Volk schmähte, in Streit. Dieser gipfelte in Arndts Duellerfahrung, die ihn, nach einen Schuss durch den Leib, zu acht Wochen Streckbett zwang.

Die Nachricht von der Schlacht bei Jena und Auerstedt (1806) und die herannahenden Franzosen veranlassten ihn schließlich zur Flucht nach Schweden,[20] wo er bereits 1803 eine Reise hin unternommen hatte. Zeugnisse dieser Zeit sind die Schriften *Reise nach Schweden im Jahre 1804*[21], *Ideen über die höchste historische Ansicht der Sprache*[22] und *Fragmente über Menschenbildung*[23], worin er die natürliche Güte des Menschen als Grundlage der Erziehung betonte, welche die Entfaltung der leib-seelischen Persönlichkeit zum Ziel hätte. Arndt wirkte während seiner Zeit in Schweden von 1806–09 als Mitarbeiter und Übersetzer der schwedischen Gesetzeskommission für Pommern.

In der Einsamkeit des Exils kränkte er sich über die Klage seines Vaterlandes unter der Last der Tyrannei und die Vergötterung Napoleons. 1808 wurde er geächtet, denn in London war der zweite Teil von *Geist der Zeit* erschienen. Darin griff er die unsittlichen Grundlagen der Napoleonischen Herrschaft in hellem Zorn an und rief die Deutschen ein einiges Volk zu sein, mit flammenden Worten zu den Waffen.[24]

Die erzwungenen Absetzung König Gustav IV. (1778–1837) 1809, der sich gegen Bonaparte stellte, veranlasste Arndt Schweden zu verlassen. Zuerst schlug er sich als Sprachmeister durch und kehrte nach Pommern zurück, fühlte sich jedoch nicht sicher und ging nach Berlin, wo er mit zahlreichen preußischen Patrioten in Kontakt kam. Mit dem Friedenschluss zwischen Frankreich und Schweden fiel Greifswald erneut an Schweden und Arndt wandte sich für kurze Zeit wieder in alte Verhältnisse zurück.

1811 verließ er die Universität Greifswald und schlug sich über Berlin nach Breslau durch, wo er in Verbindung mit Generalfeldmarschall Gebhard Leberecht von Blücher (1742–1819) – „Marschall Vorwärts" – und den Heeresreformern August Neidhardt von Gneisenau (1760–1831) und Gerhard von Scharnhorst (1755–1813) trat. Vor dem Hintergrund der von Napoleon erzwungenen Beteiligung deutscher Heere am Russlandfeldzug 1812, folgte Arndt schließlich dem preußischen Reformer und Staatsmann Freiherr Karl vom und zum Stein (1757–1831) nach St. Petersburg, wo er dessen Privatsekretär wurde und von wo aus er für den Befreiungskrieg und die preußische Widerstandsbewegung wirkte. Im russischen Exil lernte er auch Ludwig Adolf Wilhelm von Lützow (1782–1834) und Ludwig Yorck von Wartenburg (1759–1830), der am 5. Februar 1813 die versammelten Stände in Königsberg zum Volksaufstand gegen Napoleon aufrief und damit die Befreiungskriege einleitete, kennen.

Abb. 6 Graf Yorcks Ansprache an die ostpreußischen Stände am
5. Februar 1813 in Königsberg
Otto Brausewetter (1833–1904), Öl auf Leinwand, 1888.

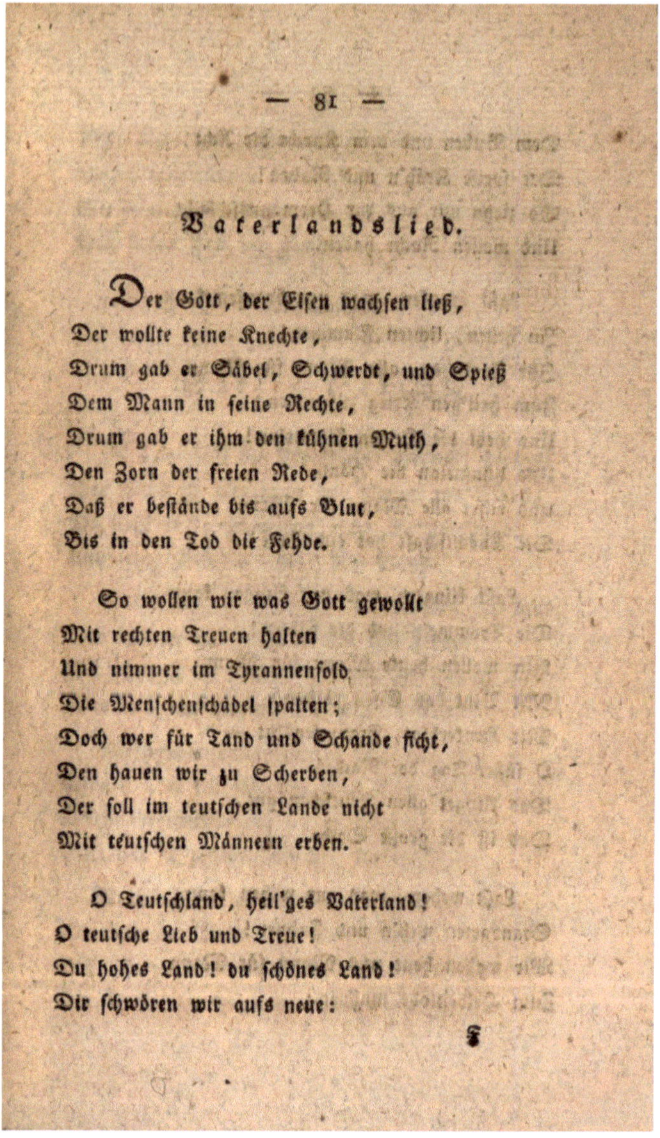

Vaterlandslied.

Der Gott, der Eisen wachsen ließ,
Der wollte keine Knechte,
Drum gab er Säbel, Schwerdt, und Spieß
Dem Mann in seine Rechte,
Drum gab er ihm den kühnen Muth,
Den Zorn der freien Rede,
Daß er bestände bis aufs Blut,
Bis in den Tod die Fehde.

So wollen wir was Gott gewollt
Mit rechten Treuen halten
Und nimmer im Tyrannenfold
Die Menschenschädel spalten;
Doch wer für Tand und Schande ficht,
Den hauen wir zu Scherben,
Der soll im teutschen Lande nicht
Mit teutschen Männern erben.

O Teutschland, heil'ges Vaterland!
O teutsche Lieb und Treue!
Du hohes Land! du schönes Land!
Dir schwören wir aufs neue:

F

Abb. 7 Vaterlandslied : Der Gott, der Eisen wachsen ließ

5. DER RHEIN, SPRACHE, VATERLAND, WEHRHAFTIGKEIT

Ab Jänner 1813 entstanden eine Reihe von tief wirkenden Kampfschriften und Liedern, die Massenauflage[25] erreichten und über den
Kreis der Intellektuellen hinaus Wirkung erzielten. Von jenen haben
sich beispielsweise *Der Gott, der Eisen wachsen ließ* (1812)[26] und
Was ist des Deutschen Vaterland?[27] (1813) tief eingebrannt und
hallen bis heute nach. Mit patriotischen Flugschriften wie *An die
Preussen* (1813)[28]:

*«Preussen! für die Welt und für euch ist ein neuer Stern der Glorie
und des Heils aufgegangen, nach welchem ihr alle schauen müsset.
Ihr habt das hohe Beispiel vor euch, was ein Volk vermag, das Gott
fürchtet und sein Vaterland und seine Freiheit über alles liebt.»*[29]

oder *Der Rhein, Teutschlands Strom, aber nicht Teutschlands Grän-
zen* (1813)[30] mobilisierte Arndt die Deutschen gegen die französische
Tyrannei. Der Rhein wurde für Arndt zum politischen, kulturellen
und religiös-spirituellen Zentrum. Nach seiner Ansicht könne die
deutsche Freiheit nicht ohne den Rhein bestehen[31] und es sei Aufgabe, Gerechtigkeit und Menschlichkeit zu üben und das deutsche
Erbe und den Ernst der Väter Sitten voranzustellen. Seine Forderung
galt der Loslösung des deutschsprachigen Rheinlands von Frankreich, die er mit der These formulierte:

*«Lieber ein Wort über die Frage: Was sind die Naturgränzen
eines Volkes? Ich sage: die einzige gültigste Naturgränze macht
die Sprache.»*[32]

In jenen Tagen wurde der Rhein zur magischen Schnur für Patrioten, Monarchen und Militärs. Er schied die Geister, denn für die einen ist mit dem Erreichen der Flussgrenze der Krieg beendet, andere wollten weiterkämpfen. Vor allem progressive Kreise des deutschen Bürgertums traten für die Verfolgung Napoleons ein, weil sie ihn als treibende Ursache für vergangene und kommende Kriege ansahen.[33]

«Unsre Zeit und unsere Ehre bleiben ewig gebrandmarkt in der Geschichte, wenn wir aus dem Unglück nicht Weisheit und aus Grausamkeit nicht Gerechtigkeit nehmen, wenn wir die schönsten Tugenden der Treue, der Milde, der Frömmigkeit, und der Tapferkeit nicht zu so hohem Glanz erheben, daß ihr Götterschein die Trümmer und Schanden der letzten fünfzehn Jahre verhüllet.»[34]

Vehement drückt Arndt in *Über Volkshaß und über den Gebrauch einer fremden Sprache* (1813)[35] seinen Nationalismus aus. Die Schrift handelt von der Stellung des Autors zu Deutschland selbst und zu Deutschland in Bezug auf die Welt. Er geht dabei von der Grundannahme aus, dass die Sprache ein Spiegel des Volkes ist, und sich in der Sprache die Bedingungen verketten, an welche sich das Dasein, die Fortdauer und Fortbildung der Nation knüpfen.

«Das Größte und Bedeutendste aber liegt in der Verschiedenheit der Sprachen, weil jede Sprache das äußere Abbild des innere Gemüthes eines Volkes ist, [...]»[36]

In dieser Diktion zog er einen Vergleich zur französischen Sprache und wertete die deutsche Sprache als höher wertig.

Arndt prophezeite, dass in Gegenwart und Zukunft alle Blicke auf Deutschland gerichtet sein werden. Er hob seine Eigentümlichkeit und zentrale geografische Lage hervor, worauf andere Völker neidisch sein könnten. Durch sein Privileg, Reichtümer, einen starken Geist und andere Spezifika aufzuweisen, ist nach Arndts Ansicht Deutschland gezwungen, sich stärker zu schützen.

Und mit Blick auf Deutschland und «*das Fremde*» in ihm schreibt Arndt:

«*Es ist bei uns Teutschen die noch das alte Mutterland bewohnen, eine ich möchte sagen väterliche und mütterliche Neigung geblieben, jene unsre Stammgenossen und auch die anderen Völker Europens und der Erde mit einer allgemeineren Liebe zu betrachten und aufzunehmen, als uns dies von ihnen vergolten wird; wir haben ein Gefühl für alle, eine gewisse Leichtigkeit und Fähigkeit, das Fremde zu verstehen und uns anzueignen, ja wir haben sogar die Neigung, das Fremde nachzuahmen. Dies alles ist lobenswürdig, weil es aus Menschlichkeit, Bescheidenheit, und Demuth entspringt; es ist eine Quelle der Glückseligkeit, weil das vielfachere Verständnis und Empfängnis der Dinge die lauterste Seelenspeise ist.*» [...]
«*Aber wenn die Achtung und Verehrung des Fremden Verachtung und Schändung des Eigenen, wenn die Nachahmung Nachäfferei wird, dann ist es das Unseligste und Tadelnswürdigste sowohl für uns als für andere [...].*»[37]

«*Wir sind von Gott in den Mittelpunkt Europens gesetzt.*»[38]

« [...] *Damit der Deutsche der große geistige Spiegel der Welt bleiben könne, muss er seine Eigenthümlichkeit nicht verschleifen noch vertändeln: Er muss ein Teutscher bleiben.*»[39]

Und er beschwor:

«Ich will denn Haß gegen die Franzosen, nicht bloß für diesen Krieg, ich will ihn für lange Zeit, ich will ihn für immer. [...] Dieser Haß glühe als die Religion des teutschen Volkes, als ein heiliger Wahn in allen Herzen, und erhalte uns immer in unserer Treue, Redlichkeit und Tapferkeit. [...]»[40]

In der „Beilage zur Allgemeinen Zeitung" (München 1814) heißt es zu Arndts *Über Volkshass und den Gebrauch einer fremden Sprache* und über den „wackren Streiter" für das deutsche Nationalbewusstsein:

«Arndt ist ein Mann, der jeden Krebsschaden, jede Kerngeschwulst gern ganz aufschneidet und ein scharfes Messer führt. Darum ärgere sich nur niemand an diesem Kriege auf Tod und Leben, den er den Galliern, um mit Vater Klopstock zu reden, in diesem kraft- und geistvollen Buche ankündigt.»[41]

Hingegen räumt er in *Über künftige ständische Verfassungen in Teutschland* (1814) ein, dass die unverhohlene Sympathie eines notorischen „Franzosenfressers" mit der Revolution nicht der Ironie entbehrte. Er wäre „sehr undankbar" und ein „Heuchler", wenn er diese Vorzüge nicht zugäbe.[42]

Seine auflagenstärkste Flugschrift, die von Russland und der preußischen Armeeführung kräftig unterstützt wurde, war *Was bedeutet Landsturm und Landwehr?* (1813)[43]. Die kurze Flugschrift propagierte die Volksbewaffnung aller wehrhaften Männer des ganzen deutschen Landes[44], den Volkskrieg[45] und warb für die Wehrpflicht in Preußen.

«*Auf jeder deutsche Mann, dem ein deutsches Herz in der Brust
schlägt, dem in dem Verstande oder der Faust, in dem Worte oder
in der That eine lebendige Kraft lebt – auf Alle! helfet, rathet, redet,
handelt! wollet das Rechte und das Freie! wollet lieber ehrlich
sterben als schändlich dienen! Und Gott, der Schirm der Freiheit
und Gerechtigkeit, wird mit euch seyn!*»[46]

Mit *Kurzer Katechismus für den teutschen Kriegs- und Wehrmann*
(1812) [1.Fassung][47] geißelte Arndt den Krieg der Tyrannen und
legte ein ethisches Konzept für Soldaten vor, dessen Kerngedanken
er folgend darlegt:

«*Das ist die wahre Soldatenehre, dass der Soldat ein edler Mensch
und treuer Bürger seines Vaterlandes ist und alles thut, was diesem
Vaterlande und seinem geliebten Volke Ehre, Freiheit, Preis und
Lob bringt daheim und in der Fremde.*»[48]

Auch der *Katechismus* verdankte seine Verbreitung russischen und
preußischen Heerführern, vor allem aber vom Stein. Die erste und
kürzeste Fassung der Schrift erschien Ende Oktober 1812 anonym in
St. Petersburg und war zur Werbung für die noch im Aufbau befind-
liche „Deutsche Legion", die spätere „Russisch-Deutsche Legion"
bestimmt. Arndt begründet darin die Existenz einer Truppe deutsch-
sprachiger Soldaten und Offiziere, die an der Seite Russlands gegen
Napoleon und damit zugleich, durch den Entwurf eines neuen nationalen Ehrenkodex, gegen die eigenen Landesfürsten kämpfte. Die
zweite Fassung erschien im Februar 1813 anonym in Königsberg,
worin Arndt für die kriegsunerfahrenen Landwehrmänner einen
ethischen Normenkatalog formulierte.[49] Dieser Fassung sind auch

zwei Lieder mitgegeben, nämlich „Wechselgruß" und das „Schwerdt-fegerlied", die den Kampfaufruf deutlich werden lassen:

«*Auf! auf! ihr Brüder und seid stark*
Der Rettungstag ist da.

Drum, teutsche Brüder, auf zur Schlacht!
Ergreift das Racheschwerdt!
Folgt eurer heil'gen Retterschaar,
Und kämpft mit Muth in Todesfahr –
Seid eures Hermanns werth!»[50]

«*Mit fröhlichem Sinn*
Bereite, erschaffe
Die eisernen Waffen
Zum reichen Gewinn.»[51]

In einer dritten Fassung des Katechismus[52] wandte er sich an die Truppen aller Verbündeten und nahm zugunsten einer Stärkung der christlichen Dimension der neuen Kriegsethik, die Kritik an den Fürsten zurück.[53]

Arndts Anregungen und Wirkungen seiner Kampfschriften auf das Volksbewusstsein waren tiefgreifend. Er förderte damit unbewusst den in Frankreich entstandenen Nationalismus in Deutschland, wobei nach seiner Ansicht Deutschland den Ausgleich der europäischen Völkerideen herbeiführen sollte. Was er darin nicht sah und meinte, war, dass sich daraus eine Herrschaft über andere Völker ableiten ließe, zumal er dies als Vergewaltigung der von Gott geschaffenen und deshalb unverletzlichen Volkspersönlichkeit ansah. Völkerhass war ihm nur Mittel völkischer Selbsterkenntnis. Seine Hoffnung, der preußische Staat würde sich einem völkischen Gedanken anpassen, brachte ihn, auch aufgrund seiner Freundschaft mit Gneisenau, Jahn und den Burschenschaften in den Gegensatz zum revolutionären Liberalismus und zur Reaktion in Staat, Kirche und Philosophie.[54]

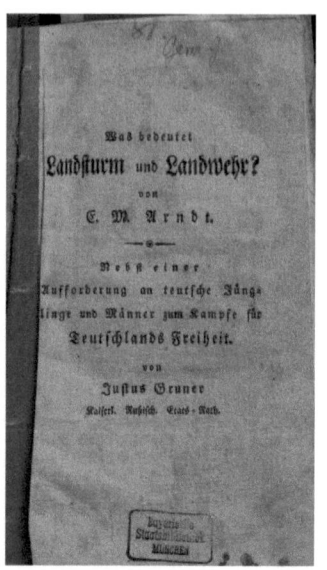
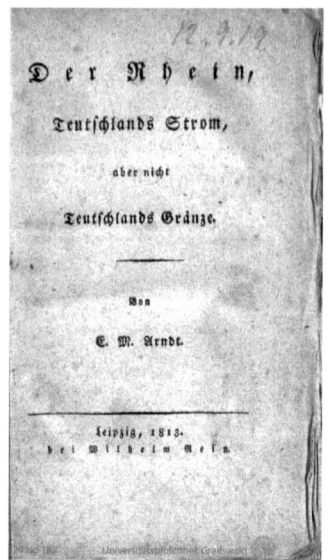
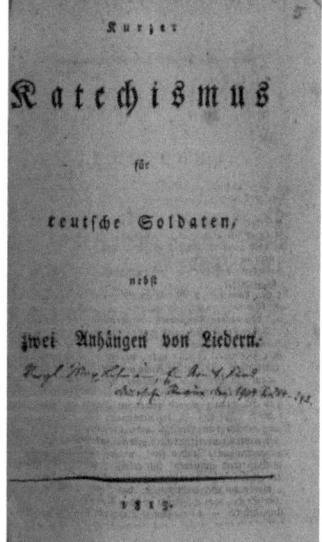
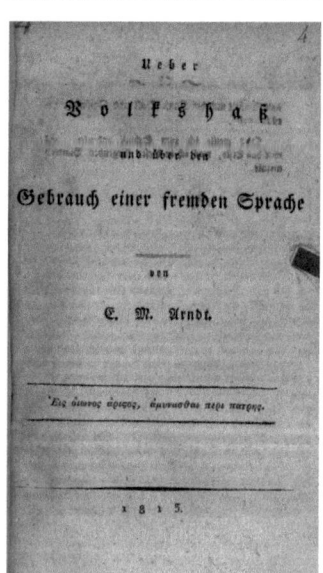

Abb. 8–11 Arndts Kampfschriften erreichten Massenauflage

6. ANMERKUNGEN

[1] Ernst Moritz Arndt : *Der Wächter* : Eine Zeitschrift, in zwanglosen Heften. I. Bd., I. Heft, Köln 1815, bei Heinrich Rommerskirchen.

[2] Ernst Moritz Arndt : *Ernst Moritz Arndts Reisen durch einen Theil Teutschlands, Ungarns, Italiens und Frankreichs in den Jahren 1798 und 1799.* Leipzig 1804, bey Heinrich Gräff.

[3] Ernst Moritz Arndt : *Dissertatio historico-philosophica, sistens momenta quaedam, quibus status civilis conta Russouii et aliorum commenta defendi posse videtur.* Gryphiae 1800.

[4] Ernst Moritz Arndt : *Versuch einer Geschichte der Leibeigenschaft in Pommern und Rügen. Nebst einer Einleitung in die alte teutsche Leibeigenschaft.* Berlin 1803, im Verlage der Realschulbuchhandlung.

[5] Bauernlegen: Bezeichnung für die Enteignung und das Einziehen von Bauernhöfen durch Grundherren vom 16. bis 18. Jh. Das Legen der Bauerngüter, oftmals unter Druck, hatte in der Regel den Zweck, das Einkommen der Grundherren und den Ertrag der Bewirtschaftung zu erhöhen.

[6] Ernst Moritz Arndt : *Erinnerungen aus dem äußeren Leben.* Leipzig 1840. S. 96f.

[7] Ernst Moritz Arndt : *Germanien und Europa.* Altona 1803, bei J. F. Hammerich.

[8] Hellmuth Rößler : „Arndt, Ernst Moritz" in: Neue Deutsche Biographie 1 (1953), S. 358–360.

[9] Arndt, *Germanien und Europa.* S. 1.

[10] Ebda. S. 366.

[11] Ebda. S. 375f.

[12] Zit. Karl-Heinz Schäfer : Ernst Moritz Arndt als politischer Publizist. Studien zur Publizistik, Pressepolitik und kollektivem Bewusstsein im frühen 19. Jahrhundert. Bonn 1974, Röhrscheid (=Veröffentlichungen des Stadtarchives Bonn, Bd. 13). S. 126. In: Mario Puschner : Antisemitismus im Kontext der Politischen Romantik. Konstruktionen des „Deutschen" und des „Jüdischen" bei Arnim, Brentano und Saul Ascher. Tübingen 2008, Max Niemayer Verlag. S. 162f.

[13] Ernst Moritz Arndt : *Der Wächter*, Köln 1815, II. Bd., I. Heft. S. 100.

[14] Ernst Moritz Arndt : Geist der Zeit. Geist der Zeit. 1. Theil. Altona 1806. 2. Theil. London, Berlin 1813, bei Th. Boosen. 3. Theil. London, Berlin 1813. 4. Theil: Berlin 1818, bei G. Reimer.

[15] Gustav Freytag : „Arndt, Ernst Moritz", in: Allgemeine Deutsche Biographie, herausgegeben von der Historischen Kommission bei der Bayerischen Akademie der Wissenschaften, Band 1 (1875), S. 541–548, hier S. 542f.

[16] Ebda.

[17] Vgl.: Ernst Moritz Arndt Gesellschaft Groß Schoritz. [Online]

[18] Vgl.: Rößler, 1953, wie FN 8.

[19] Vgl.: Freytag, 1875, wie FN 16.

[20] Vgl.: Ebda.

[21] Ernst Moritz Arndt : *Reise durch Schweden im Jahr 1804.* Berlin 1806. 4 Bde.

[22] Ernst Moritz Arndt : *Ideen über die höchste historische Ansicht der Sprache, entwickelt in einer Rede am hohen Geburtstagsfeste unsers allerdurchlauchtigsten, großmächtigsten Königs und Herrn Gustav IV. Adolphs, am 1sten November 1804.* Greifswald [1805], gedruckt bei J. H. Eckhardt.

[23] Ernst Moritz Arndt : *Fragmente über Menschenbildung.* 2 Theile. Altona 1805, bey J. F. Hammerich. Ein 3. Theil erschien als: *Briefe an Psychidion oder über weibliche Erziehung.* Altona 1819.

[24] Vgl.: Freytag, 1875, wie FN 16.

[25] Eine Auflage von mehr als 10.000 Exemplaren erreichten die Flugschriften: *Was bedeutet Landsturm und Landwehr* (1813), *Katechismus für den teutschen Kriegs- und Wehrmann* (1812/1813), *Kurze und wahrhaftige Erzählung von Napoleon Bonapartes verderblichen Anschlägen* (1813), *Ein Wort über die Feier der Leipziger Schlacht* (1814), *Der Rhein, Teutschlands Strom, nicht Deutschlands Gränze* (1813), *Fünf Lieder für deutsche Soldaten* (1813), *Auf Scharnhorsts Tod* (1813), *Lob teutscher Helden* (1814). Vgl. Hagemann, 2002. S. 131; darin: auch Schäfer, 1974.

[26] Arndts 1812 entstandenes „Vaterlandslied" ist Teil seiner Gedichtsammlung *Lieder für Teutsche* (1813); danach gehörte es zum Kern-

bestand burschenschaftlichen Liedgutes. Populär wurde das Lied in den Befreiungskriegen; es besteht aus sechs Strophen, die Melodie „fest und stark“, appelliert lautstark an patriotische Gefühle.
Obgleich Arndts Verse vom Hass gegen Napoleon diktiert waren, nennt der Liedtext keine damals aktuellen politischen Einflüsse. Das „Vaterlandslied“ hatte im 19. Jh. den Status einer inoffiziellen Nationalhymne und wurde in unzähligen Liederbüchern abgedruckt. Im 19. und 20. Jh. wurde es Teil eines Kanons von Kampfliedern der national orientierten Studentenschaft und der Männergesangvereine und eignete sich, entstanden in einer Zeit schlimmster nationaler Depression, als Schlachtruf gegen Napoleon und das deutsche Volk im Widerstand gegen die Franzosen zu vereinen (so auch 1870/71 und 1914). Im Ersten Weltkrieg und im Nationalsozialismus wurde das Lied politisch instrumentalisiert und erfuhr mit einer veränderten 5. Strophe eine noch feindlichere Konnotation: aus *„Knechteblut“* wird *„Franzosenblut“*. Auch das gegen Hitler-Deutschland in Russland organisierte Nationalkomitee Freies Deutschland (NKFD) wählte das „Vaterlandslied“ 1943 zur Erkennungsmelodie seiner Rundfunksendungen.

[27] Ernst Moritz Arndt : *Was ist des Deutschen Vaterland?*, zuerst gedruckt in: *Deutsche Wehrlieder für das Königl. Preuss. Frey-Corps* herausgegeben, Berlin, Ostern 1813. – Die erste und einzige Sammlung patriotischer Lieder von Friedrich Ludwig Jahn. Sodann in: Ernst Moritz Arndt : *Lieder für Teutsche. Im Jahre der Freiheit 1813.* Leipzig 1813, J. B. G. Fleischer. S. 99. Zum Volkslied wurde Arndts Gedicht durch die Komposition von Johannes Cotta. Sie entstand zu Anfang des Jahres 1815 in Jena und wurde am 12. Juni von der Burschenschaft zum ersten Mal gesungen. Zuerst gedruckt in: *Deutsche Burschenlieder mit vierstimmig gesetzten Weisen,* Jena, Cröker, 1817, Nr. 3; dann in Albert Methfessels „Commers- und Liederbuch“. Rudolstadt 1818, Nr. 48. Zu Johannes Cotta siehe auch: [Online] Volksliedarchiv, Müller-Lüdenscheidt-Verlag, Bremen.
[28] Anonym [Ernst Moritz Arndt] : *An die Preussen.* Königsberg 1813.
[29] Ebda. S. 3.

[30] Ernst Moritz Arndt : *Der Rhein, Teutschlands Strom, aber nicht Teutschlands Gränze.* Leipzig 1813.

[31] Ebda. S. 92.

[32] Ebda. S. 7.

[33] Vgl.: Jan von Flocken : Der Rhein – Deutschlands Strom, aber nicht Deutschlands Grenze. In: Junge Freiheit. Wochenzeitung für Debatte. (31.12.2013).

[34] Arndt, wie FN 30. S. 91.

[35] Ernst Moritz Arndt : *Ueber Volkshaß und über den Gebrauch einer fremden Sprache* Leipzig 1813.

[36] Ebda. S. 12.

[37] Ebda. S. 27f.

[38] Ebda. S. 28.

[39] Ebda. S. 29.

[40] Ebda. S. 18f.

[41] „Beilage zur Allgemeinen Zeitung". München 1814 [1] (17.02.1814), „Litterarische Überblicke", I. Die deutsche Sprache. S. 59f.

[42] Zit. n. Jörg Echternkamp : Der Aufstieg des deutschen Nationalismus (1770-1840). Frankfurt/Main; New York: Campus Verlag, 1998. S. 560. Ernst Moritz Arndt : *Über künftige ständische Verfassungen in Teutschland.* Frankfurt a. M. 1814.

[43] Ernst Moritz Arndt : *Was bedeutet Landsturm und Landwehr? Nebst einer Aufforderung an teutsche Jünglinge und Männer zum Kampfe für Teutschlands Freiheit von Justus Gruner.* 1813.

[44] Ebda. S. 9.

[45] *„Also Volkskrieg muß seyn. Landwehr und Landsturm muß aufgeboten und gerüstet werden."* Ebda. S. 13.

[46] Ebda. S. 22.

[47] Anonym [Ernst Moritz Arndt] : Kurzer Katechismus für den teutschen Kriegs- und Wehrmann. [St. Petersburg] 1812. [=1. Fassung]

[48] Anonym [Ernst Moritz Arndt] : Kurzer Katechismus für teutsche Soldaten : nebst zwei Anhängen von Liedern. Königsberg 1813. S. 7. [=2. Fassung.]

[49] Vgl.: Karen Hgemann : „Mannlicher Muth und teutsche Ehre" : Nation, Militär und Geschlecht zur Zeit der antinapoleonischen Kriege Preußens. Paderborn, München [u.a.] 2002, Ferdinand Schöningh. (=Krieg in der Geschichte (KRiG), Bd. 8.) S. 132f.

[50] [Arndt] : Katechismus, [2. Fassung.], „Wechselgruß". S. 96ff.

[51] Ebda. „Schwerdtfegerlied". S. 98ff.

[52] Ernst Moritz Arndt : Katechismus für den teutschen Kriegs- und Wehrmann, worin gelehret wird, wie ein christlicher Wehrmann seyn und mit Gott in den Streit gehen soll. August 1813. [=3. Fassung]

[53] Vgl.: Hagemann, 2002. S. 133.

[54] Rößler, 1953, wie FN 8.

***

Abb. 12 Bildnisse von Jahn, Arndt und Fichte
mit Zitat aus Arndts „Vaterlandslied"
Raphael Tuck's Postkarten Serie 932: „Oilette"-
Serien. Zur Hundertjahrfeier 1813–1913.

III. FICHTE, JAHN, ARNDT UND DIE BURSCHENSCHAFT

Ernst Moritz Arndt gilt neben Johann Gottlieb Fichte (1762–1814) und Friedrich Ludwig Jahn (1778–1852) als einer der geistigen Väter der burschenschaftlichen Bewegung im frühen 19. Jahrhundert. Die drei Genannten sollen nachfolgend kurz beleuchtet und ihr Impetus und ihre Rolle bei der Gründung der Burschenschaft angerissen werden.

**

1. REDEN AN DIE DEUTSCHE NATION

Napoleons Sieg über Preußen und sein beinahe vollständiger Untergang veranlassten den Philosophen Johann Gottlieb Fichte 1807/08, sich in 14 *Reden an die Deutschen* zu wenden.[1] Als Professor an der Universität Jena hatte er um 1794 die politischen Umwälzungen in Frankreich in Wort und Schrift noch verteidigt. In seiner *„Gesellschaft der freien Männer"* diskutierten Studenten regelmäßig über die Einflüsse der Revolution auf Deutschland. 1799 musste er Jena wegen seines „Demokratismus"[2], wie er es selbst nannte, verlassen und wandelte sich zum nationalen Patrioten. In seinen *Reden* weckte er das Nationalgefühl und zielte auf die Gründung eines deutschen Nationalstaates, der die Nachfolge des erloschenen Heiligen Römischen Reiches antreten und sich von der französischen Herrschaft emanzipieren sollte. Fichte ging es dabei nicht um eine deutsche Weltherrschaft, sondern darum, die Ideen der Französischen Revolution gegen den Tyrannen Napoleon zu verteidigen.

Das einzige Mittel sah er im Ideal eines sittlichen, auf Vernunft gegründeten Staates, in dem der Einzelne angeleitet wird, seinen Egoismus zu überwinden und die Sache des Staates zu seiner eigenen zu machen. Fichte rief zu einer Nationalerziehung nach dem Vorbild des Schweizer Pädagogen Johann Heinrich Pestalozzi (1746–1827) auf, die das menschliche Verhältnis zur Freiheit in der Vernunft- und Werterziehung verankern sollte.

«Nur diejenige Nation, welche zuvörderst die Aufgabe der Erziehung zum vollkommenen Menschen durch die wirkliche Ausübung gelöst haben wird, wird sodann auch jene des vollkommenen Staates lösen.»[3]

*

Erhoben aus der Vernunft, dem wahren Selbst, die jede Nation übersteigt, entfiel für Fichte eine mögliche Feindschaft zu anderen freien Individuen und Nationen, denn der sittlich zur Freiheit, zur Selbständigkeit und zur Veredelung gebildete Mensch strebe danach, seine Mitmenschen zu achten und liebe ihre Freiheit und Größe, während ihn ihre Knechtschaft schmerze. Am Ende dieses Prozesses stünde nach Fichte ein neues Menschengeschlecht.

«Freiheit, auch in den Regungen des äußerlichen Lebens, ist der Boden, in welchem die höhere Bildung keimt.»[4]

Noch kurz vor seinem Tod 1814 versuchte er seine einstigen Ideale mit denen der Nationalbewegung zu verbinden. Preußen war für ihn nun Vorreiter eines neuen Einheitsstaates, dem König schrieb er die Rolle zu, seine Untertanen zur Freiheit zu erziehen. Die Menschen sollten erst befähigt werden, bevor sie politisch verantwortlich handelten. Eine monarchische „Vererbung der Gewalt" lehnte Fichte ab; das neue Staatsgebilde sollte auf einer Verfassung gründen.

2. *VOLKSTHUM* UND TURNEN

Friedrich Ludwig Jahn –„Turnvater Jahn" – Pädagoge, Publizist und Politiker, Initiator der deutschen Turnbewegung, begegnete Arndt bereits 1802 an der Universität Greifswald, wo die vaterländische Idee eines „vereinigten Deutschland" entstand. Turnen, eng mit der frühen Nationalbewegung verknüpft, sollte nach Jahn die deutsche Jugend auf den Kampf gegen die napoleonische Besatzung vorbereiten. Zunächst preußisch gesinnt, wurde er unter dem Eindruck der Napoleonischen Kriege deutscher Nationalist.[5]

In der 1808 verfassten und 1810 veröffentlichten Schrift *Deutsches Volksthum*[6] skizzierte er erstmals seinen entschiedenen Nationalismus. Der Begriff des Volkstums, den er mit dieser Schrift in den politischen Diskurs einführte, beschreibt Wesenszüge, die allen Mitgliedern einer Nation eigen sein sollten und mit denen sie sich von anderen Nationen unterschieden.

Jahn plädierte für gleiche Bürgerrechte für alle Deutschen, nationale Bildung, Aufstiegschancen auch für Kinder aus den niederen Ständen und für die nationale Einheit. Er vertrat auch die Ansicht, Deutschland sei allen anderen Nationen überlegen und müsse, so Jahn, eine größere Rolle in Europa einnehmen. Dazu müsse man sich auf die Einheit der Deutschen besinnen und er richtete seinen Hass gegen Frankreich:

47

Abb. 13 Friedrich Ludwig Jahn

«Alles zur deutlichen Anschauung zu bringen – muß immer dabei auf Leser rechnen, die für die Hochgedanken „Volk, Deutschheit und Vaterland" noch nicht gänzlich abgestorben sind. Der Name Deutsch war bis zu den neuesten Unglücksfällen, ein Beehrungswort. „Ein Deutscher Mann", „das war Deutsch gesprochen", „ein Deutsches Wort", „ein Deutscher Händedruck", „Deutsche Treue", „Deutscher Fleiß", alle diese Ausdrücke zielen auf unser fest-gegründetes, wenn freilich nicht mit prunkendem Außenschein hervorstechendes Volksthum. Vollkraft, Biederkeit, Gradheit, Abscheu der Winkelzüge, Rechtlichkeit, und das ernste Gutmeinen, waren seit einem Paar Jahrtausenden die Kleinode unsers Volksthums, und wir werden sie auch gewiß durch alle Weltstürme bis auf die späteste Nachwelt vererben.»[7]

*

«Noch sind wir nicht verloren! Noch sind wir zu retten! Aber nur durch uns selbst. Wir brauchen zur Wiedergeburt keine fremde Geburtshelfer; nicht fremde Arznei, unsere eigenen Hausmittel genügen. Denn immer geht vom Hauswesen jede wahre, und beständige, und echte Volksgröße aus, im Familienglück lebt die Vaterlandsliebe, und der Hochaltar unsers Volksthums steht im Tempel der Häuslichkeit; sie ist die beste Vorschule, Deutschheit heißt sie bei uns im Großen. Für sie kann jeder leben, er sei reich oder arm, vornehm oder gering, einfältig oder gelehrt, Mann oder Weib, Jüngling oder Jungfrau, Kind oder Greis.»[8]

*

«Nichts ist ein Staat ohne Volk, ein seelenloses Kunstwerk; nichts ist ein Volk ohne Staat, ein leibloser luftiger Schemen, wie die weltflüchtigen Zigeuner und Juden. Staat und Volk in Eins, geben erst ein Reich, und dessen Erhaltungsgewalt bleibt das Volksthum.»[9]

*

«Mit dem neuerweckten und kräftigerwachten deutschen Volksthum hat Luther gesiegt, einzig dadurch Pabst und Pfaffenheit überwunden, und die Menschheit einen Siegeszug feiern lassen.»[10]

*

«Muhammed der auch ein Alleinreich wollte, mußte trotz seiner, vom Himmel hergelogenen Beglaubigungen, der Macht des Arabischen Volksthums huldigen: was er zwar für seine Zwecke benutzte, die er aber ohne dasselbe nie würde erreicht haben [...].»[11]

*

«Was macht aus England und Frankreich die ersten Weltmächte? Einzig das durch den Kreislauf der Umwälzungen wiedergeborne Volksthum.»[12]

*

«Welches Volksthum steht am Höchsten, hat sich am Meisten der Menschheit genähert? Kein Anderes, als was den heiligen Begriff in sich aufgenommen hat, mit einer äußerlichen Allseitigkeit sie sinnbildlich im Kleinen vorbildet, wie weiland

volksthümlich die Griechen, und noch bis jetzt weltbürgerlich die Deutschen, der Menschheit heilige Völker!»[13]

*

«*Schwer zu erlernen, schwerer noch auszuüben ist des Weltbeglückers heiliges Amt — aber es ist eine Wollust der Tugend, eine menschliche Göttlichkeit die Erde als Heiland zu segnen, und den Völkern Menschlichwerdungskeime einzupflanzen.*»[14]

*

«*Volksthum ist der wahre Völkermesser der Größe, die richtige Völkerwage des Werths.*»[15]

*

«*Der Magnet zieht das Eisen an, das Eisen den Mann, der Mann die Männer, Mannlichkeit die Weiber.*»[16]

*

«*Unglückliches Deutschland! Die Verachtung deiner Muttersprache hat sich fürchterlich gerächt. Du warst schon länger dir unwissend durch eine fremde Sprache besiegt, durch Fremdsucht ohnmächtig, durch Götzendienst des Auslandes entwürdigt. Nie hätte dein Überwinder so vielfach in einem andern Lande gesiegt, wo die Vergötterung seiner Sprache nicht mitgefochten [...] Diese Sprache hat deine Männer betört, deine Jünglinge verführt, deine Weiber entehrt. – – – Deutsche, fühlt wieder mit männlichem Hochsinn den Wert eurer edeln lebendigen Sprache, schöpft aus ihrem nie versiegenden Urborn, grabet die alten Quellen auf, und lasset Lutetiens stehende Lache in Ruhe!»*[17]

*

1813, zur Zeit der Völkerschlacht bei Leipzig, forderte Jahn freie Rede, Verfassung und Einheit des Vaterlandes und wandte sich gegen die Kleinstaaterei.

Jahn erfand das Turnen als eine körperliche Betätigung für jedermann, entwickelte es als patriotische Erziehung zur Vorbereitung auf den Befreiungskrieg weiter und verknüpfte es mit politischen Zielen: Der Befreiung Deutschlands von napoleonischer Herrschaft, der Idee eines künftigen deutschen Reiches unter preußischer Führung und der Teilnahme der einzelnen Staatsbürger am Wohl und Weh des Ganzen.[18]

Der Wiener Kongress enttäuschte Jahn, da sich dort eine restaurative Politik durchsetzte und liberale Verfassungsbewegungen in den Einzelstaaten unterdrückt wurden. Das Attentat Sands auf Kotzebue 1819 löste auch ein Turnverbot aus, 1820 wurde Turnen in Preußen gänzlich verboten.

Die Demagogenverfolgung erreichte auch Jahn. Er wurde festgenommen. Die Ermittlungen gegen ihn und sein Umfeld führte der Dichter und Richter E.T.A. Hoffmann (1776–1822), der schließlich ein mildes Urteil fällte und auf Freilassung plädierte, da keine hochverräterischen Tendenzen sichtbar geworden waren. Jedoch wurde Jahn „auf höhere Anweisung" trotz des Urteils fünf Jahre in politischer Gefangenschaft gehalten, da er weiterhin revolutionärer Umtriebe verdächtigt wurde.[19] 1825 wurde er unter der Bedingung freigelassen, in keiner Universitäts- oder Gymnasialstadt zu wohnen.

In seinen nationalistischen Polemiken blieb Jahn jedoch weiterhin scharf. Er setzte sich kritisch mit der politischen Bewegung des Vormärz, insbesondere des „Jungen Deutschland" aus-einander und polemisierte gegen deutsche Emigranten.[20] Scharfe Worte richtete er auch gegen Heinrich Heine (1797–1856), den er als „Läufling" bezeichnete, der sich durch seine spöttischen Angriffe auf die Zustände in Deutschland und das Turnen selbst *„gehundsfottert"* habe. Heines jüdische Herkunft scheint bei dieser Polemik indes keine Rolle gespielt zu haben.[21]

1840 erfolgte Jahns Amnestierung und vollkommene Rehabilitierung durch Friedrich Wilhelm IV., die Polizeiaufsicht wurde aufgehoben und er erhielt das ihm aberkannte Eiserne Kreuz aus den Befreiungskriegen wieder. 1842 wurde das Turnverbot offiziell beendet. 1848 in das Vorparlament und kurz darauf in die Frankfurter Nationalversammlung der Paulskirche gewählt, er engagierte sich nunmehr für Ruhe und Ordnung und vertrat die Idee eines preußischen Erbkaisertums. Für die Turnerbewegung, die zunehmend demokratisch orientiert war, hatte er kein Verständnis und wandte sich von ihr ab.[22] Damit büßte er zwar einen großen Teil seiner Popularität ein; er gelangte aber in der Folgezeit zu voller Anerkennung als Bahnbrecher der Leibeserziehung.

3. DER GEHEIME DEUTSCHE BUND

Jahn gründete gemeinsam mit Friedrich Friesen (1784–1814) und zehn anderen, darunter auch Max von Schenkendorf (1783–1817), am 13. November 1810 in der Hasenheide bei Berlin den „Geheimen Deutschen Bund" zur Befreiung und Einigung Deutschlands. Die Aufgaben dort waren mit alten deutschen Begriffen belegt: *Ordner*, *Pfleger*, *Schriftwart*, *Kassner* oder *Rentner*. Eine Geheimschrift diente dem Schriftverkehr. Neben dem allgemeinen Gedanken der Freiheit und Einheit der Deutschen sollte eine verlässliche Mannschaft für einen Aufstand gegen Napoleon aufgebaut werden. Waren anfangs diese Pläne noch allgemein formuliert, war man sich einig, dass ein wichtiger Teil der Arbeit in der vaterländischen Erziehung der Jugend, besonders der studentischen Jugend liegen müsse.

Nach Napoleons gescheitertem Russlandfeldzug, änderte sich 1812/1813 in Preußen die Lage. Jahn und Friesen drängten Minister Karl August Freiherr von Hardenberg (1750–1822) zur Gründung einer Freischar, um Freiwillige aus allen deutschen Staaten gegen Frankreich zu sammeln. Beide bewiesen sich als überzeugende Werber und Rekrutierer. Jahns weitreichende Verbindungen an viele Universitäten zogen auch Studenten an.

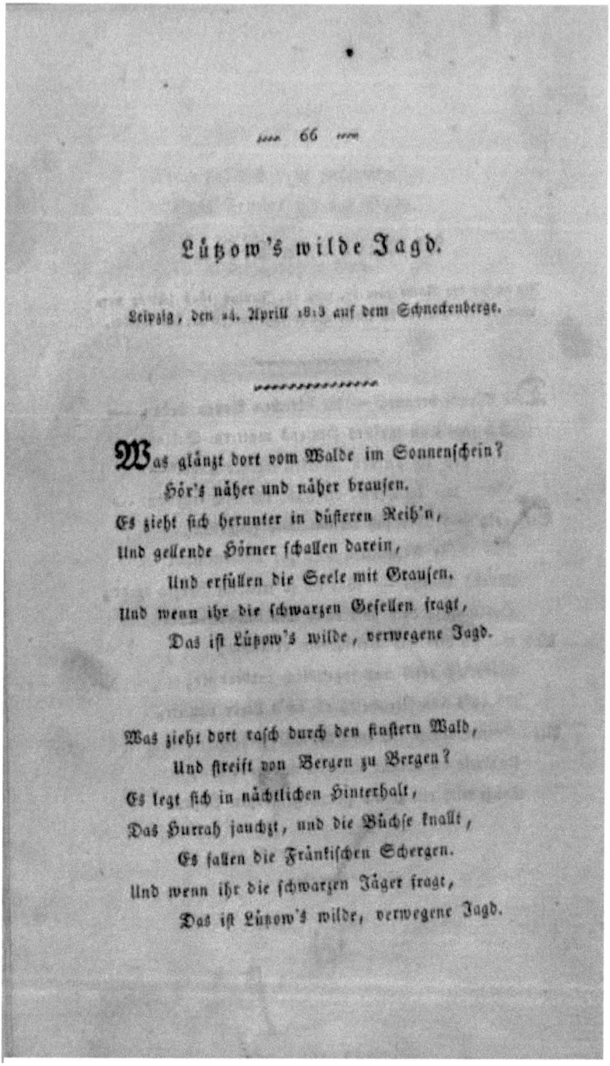

Lützow's wilde Jagd.

Leipzig, den 24. April 1813 auf dem Schneckenberge.

~~~~~~~~~~

Was glänzt dort vom Walde im Sonnenschein?
Hör's näher und näher brausen,
Es zieht sich herunter in düsteren Reih'n,
Und gellende Hörner schallen darein,
Und erfüllen die Seele mit Grausen.
Und wenn ihr die schwarzen Gesellen fragt,
Das ist Lützow's wilde, verwegene Jagd.

Was zieht dort rasch durch den finstern Wald,
Und streift von Bergen zu Bergen?
Es legt sich in nächtlichen Hinterhalt,
Das Hurrah jauchzt, und die Büchse knallt,
Es fallen die Fränkischen Schergen.
Und wenn ihr die schwarzen Jäger fragt,
Das ist Lützow's wilde, verwegene Jagd.

Abb. 14 Lützow's wilde Jagd
Text von Theodor Körner mit dem Vermerk:
Leipzig, 24. April 1813 auf dem Schneckenberge.

4. FREIKORPS LÜTZOW

Der Aufruf am 3. Februar 1813 zur Bildung freiwilliger Jäger-
korps richtete sich an die männliche Jugend im Alter von 17
bis 24 Jahren, vor allem an diejenigen sozialen Gruppen, die
bislang vom Militärdienst ausgenommen waren, also namentlich Angehörige des Besitz- und Bildungsbürgertums. Laut
Brandt waren von den rund 280.000 Soldaten – davon 120.000
Mann Landwehr, die Preußen 1813/1814 ins Feld schickte –
etwa 30.000 Freiwillige.[23] Eine besondere Kategorie bildeten
die Freikorps.

Das am 18. Februar 1813 in Breslau gestiftete „Königlich
Preußische Freikorps", das nach seinem Anführer Ludwig
Adolf Wilhelm von Lützow (1782–1834) als „Lützow'sches
Freikorps" benannt wurde, zählte mit seinen bis zu 3.900 Mit-
gliedern zu den bekanntesten. Jedoch nur ein kleiner Teil der
Freiwilligen Jäger genügte nach Bildung und Vermögen den
Ansprüchen des Aufrufs. Viele wurden mit Hilfe von Spenden
ausgerüstet, darunter auch Studenten und Künstler.

In der Zusammensetzung der preußischen Freiwilligen domi-
nierte nach Brandt die städtische Bevölkerung, wobei besonders zwei Gruppen den Hauptteil stellten: Über 40 % waren
Handwerker und Handwerksgesellen, je 15 % stellten Tage-
löhner und Knechte, 12 % gehörten den „gebildeten Ständen",
darunter die Studenten mit 5 % an. Diese letzte Zahl scheint
der älteren Charakterisierung der Befreiungsbewegung als
einer der akademischen Jugend zu widersprechen, und sie
widerspricht ihr auch, sofern damit eine Vernachlässigung des

Engagements breiterer Volksschichten verbunden war. 5 % der akademischen Jugend bedeutete indes rund 20 % der deutschen (nicht allein der preußischen) Studenten. Nimmt man die Bildung von Freiwilligen-Einheiten in den früheren Rheinbundstaaten hinzu, dürften sich nach Brandts Schätzung nicht viel weniger als die Hälfte der gesamten deutschen Studentenschaft in den Grenzen des späteren Deutschen Bundes an den Befreiungskriegen von 1813 bis 1815 beteiligt haben.[24] Die zeitgleiche Existenz von hunderten „Patriotischen Frauenverbänden", die durch humanitäres Engagement beim Befreiungskampf mithelfen wollten, zeigt, dass es sich dabei nicht um Randphänomene handelte.[25]

Das Freikorps Lützow wurde speziell für nichtpreußische (meist, aber nicht ausschließlich deutsche) Freiwillige geschaffen. Das Korps sollte mit einer guerillaähnlichen Kampfführung, die regulären Truppen unterstützend, im Rücken des Feindes operieren, um den überall unter der Asche glimmenden Funken Raum zu schaffen.[26] Nach übereinstimmendem Zeugnis waren die Lützower nach ihrem Selbstverständnis eine deutsche Formation, die für die gemeinsame Sache des deutschen Landes[27] kämpfte. Neben der gesamtdeutschen Zusammensetzung schufen die irreguläre Kampfesweise mit dem abenteuerlichen Einschlag und die nach traditionellen Maßstäben unmilitärischen Einrichtungen (Ehrengericht, Offizierswahl) und Umgangsformen das Selbstbild vom „schwarzen Korps der Rache", das gezielt vom Mythos von „Lützows wilder verwegener Jagd" genährt wurde.[28]

Am 17. März 1813 erschien der lang ersehnte Aufruf
„*An mein Volk*" des preußischen Königs Friedrich Wilhelm
III. (1770–1840), worin er «*Brandenburger, Preußen, Schlesier,
Pommern, Litthauer*» im Kampf gegen Napoleon um Unterstützung bat.[29] Mit der Kriegserklärung Preußens an Frank-
reich, war *ein* Ziel des Geheimen Deutschen Bundes, nämlich
der Kampf gegen die Besatzer, erreicht. Jahn soll in weiterer
Folge 1813 den Geheimen Deutschen Bund aufgelöst haben.
Die Verbindungen der Gründer und ihres Umfelds bestanden
aber wohl weiter, denn er war Keimzelle des Lützowschen
Freikorps und der 1815 gegründeten Burschenschaft. Diese
nahm die schwarz-rot-goldene Konnotation der Waffenröcke
der Lützower an und verbreitete die Losung *Ehre, Freiheit,
Vaterland* an den protestantischen deutschen Hochschulen.
Jahn und seine Bundesbrüder gaben somit 1810 einen entscheidenden Anstoß für die deutsche Nationalbewegung und
waren praktisch die erste, nationale, politische Verbindung,
die das Vaterland von der französischen Herrschaft befreien,
und ein freies, einiges Deutschland formen wollte.

Abb. 15 Auszug der Jenenser Studenten in den Freiheitskrieg 1813
Ferdinand Hodler (1853–1918), 1908/1909, Öl auf Leinwand,
H: 358 cm; B: 546 cm. Aula der Friedrich-Schiller-Universität Jena.

Abb. 16 Selbstbildnis als
Lützower Jäger
Georg Friedrich Kersting (1785–
1847), um 1815, Bleistiftzeichnung,
H: 27,5 cm; B: 16,8 cm.

Aus dem amtlichen Bericht E.T.A. Hoffmanns aus dem Jahr
1820 geht hervor:

*«Des deutschen Bundes Zweck ist Erhaltung des deutschen
Volks in seiner Ursprünglichkeit und Selbständigkeit,
Neubelebung der Deutschheit und aller schlummernden
Kräfte, Bewahrung unseres Volksthums, Schutz und Schirm
wider heimliche Verderbung von innen, wider offenbare
Knechtschaft von außen und alle Kunstgriffe, Listen, und
Bethörungen der Ein- und Umschmelzung, Hinwirken zur
endlichen Einheit unseres zersplitterten, getheilten und
getrennten Volks. Jeder Eidgenosse muß ein geborner
Deutscher sein – frei sein von Verbrechen, rein von Lastern
und sich eifrig bemühen Schwächen zu verbessern, Mängel
zu ersehen und Fehler abzulegen. Pflichten. Fleckenlose
Reinheit im Leben, Sorge für guten Namen, Erwerben
allgemeiner Achtung durch folgerechte Denkart und
Handelsweise, sich zum Kämpfer weihen für Wahrheit,
Recht und Vaterland. – Wider alle und jede Ausländerei
reden, lehren und handeln – das Volksgefühl beleben,
die Willenlosigkeit benehmen und alle Hirngespinste von
Volksohnmacht und Feindes Uebermacht –
überhaupt deutsch werden und bleiben.»*[30]

*

Abb. 17 Die Freiwilligen von 1813 vor König Wilhelm III. zu
Breslau im März 1813
Julius Scholtz (1825–1893), 1866, Öl auf Leinwand, H: 152 cm;
B: 237 cm. Staatliche Museen zu Berlin – Preußischer Kulturbesitz,
Nationalgalerie. Ident.-Nr.: A III 353.

Abb. 18 Auf Vorposten
Georg Friedrich Kersting (1785–1847), Öl auf Holz, 1829, H: 18 cm;
B: 24 cm. Sammlung Alte Nationalgalerie, Berlin, Inv.-Nr.: A II 817.

In J.D.F. Mannsdorfs *Geschichte der geheimen Verbindungen der neuesten Zeit* aus der *Central-Untersuchungs-Commission zu Mainz* (1831)[31] heißt es zur Gründung des Geheimen Deutschen Bundes, den Burschenschaften und ihren demagogischen Umtrieben an deutschen Universitäten:

«[...] *Im Jahr 1810 scheint die erste Idee zur Bildung der Burschenschaften entstanden und außer von dem deutschen Bunde auch von Fichte welcher damals Rector der Universität zu Berlin war gebilligt worden zu sein. Das im Jahr 1812 auf-gefundene chifferirte Tagebuch des deutschen Bundes besagt den 8. Februar 1810 Verhandlungen über die Burschenschaft bearbeitet von J. und F. vorgelegt dem Professor Fichte als damalige Rector. Der geheime Secretair A. hat einen Aufsatz überreicht in welchem die Begründung einer allgemeinen Burschenschaft auf allen deutschen Universitäten ausgesprochen wird zum Zweck der Bekämpfung der eine Burschen Freimauerei bildenden Orden und der volksthümlichen Landsmannschaften der Einführung und Erhaltung des Burschenbrauchs und der volksthümlichen Ausbildung seiner Mitglieder. Diesem Aufsatze sind Gutachten das eine mit K. das andere mit F. unterzeichnet welches letztere namentlich den Zweikampf durch die Burschenschaften entfernt wissen will und wahrscheinlich von Fichte herrührt der von dieser Idee beseelt war und ein lebhaftes Interesse für die Burschenschaften zeigte. Die Aussage des Professor Zeune eines ehemaligen Bundesgliedes stimmt hiermit überein und es ist demnach sehr wahrscheinlich daß die Burschenschaften durch die Stifter des deutschen Vereins und durch deren*

Zusammenwirken mit dem Professor Fichte als damaligem Rector zu Berlin ihre Existenz erhalten habe und daß es die Absicht des Bundes gewesen durch sie die reifere Jugend für das Streben nach Volksthümlichkeit zu beleben und zu diesem Zwecke die Burschenschaften der einzelnen deutschen Universitäten durch ein gemeinsames Band in eine einzige große Burschengemeinschaft zu vereinigen. [...]»

*

Friesen und Jahn arbeiteten die Denkschrift *Ordnung und Errichtung der deutschen Burschenschaften* (1811)[32] aus, worin ein neuer Typus von Studentenverbindungen aufgezeigt wird.

Dort fällt auch zum ersten Mal der Begriff „Burschenschaft". Die Aufgaben sollten in der Stärkung des deutschen Sinnes, der moralischen Verbesserung und Vorbereitung der deutschen Befreiung und Einigung liegen. Während an den Universitäten noch die alten Landsmannschaften den Ton angaben, wandte sich die Burschenschaft gegen eine Zersplitterung und wollte, unter dem Eindruck des gemeinsamen Kampfes *einen* Bund aller Studenten, um auf diese Weise die ersehnte Einheit Deutschlands voranzutreiben. In diesem Sinne ist die Burschenschaft in ihrem Ursprung eine Spitze der von der bürgerlichen Aufklärung ausgehenden Bewegung zur Zivilisierung und moralischen Erziehung der Studenten, wie der bürgerlichen Gesellschaft überhaupt. In Bezug auf staats- und gesellschaftspolitische Neuerungen war sie führend.[33]

Arndt sah jedoch noch andere, drastischere Aspekte und stand dem bisherigen studentischen Treiben viel kritischer gegenüber als Jahn. In seiner Schrift *Über den deutschen Studentenstaat*, erstmals 1815 in *Der Wächter*[34] publiziert, kritisierte er den studentischen «*Comment*» und die, oft wegen erbärmlicher «*Kleinigkeitskrämerei*»[35] ausgefochtenen Zweikämpfe als «*rechte Pest des Unheils*»[36]. Er wandte sich gegen die Tyrannei und Händel der Orden und die Pedanterie und Renommisterei der Landsmannschaften.[37] Er sprach sich dafür aus, das Bewusstsein und die Überzeugung in den Mittelpunkt des Wirkens zu stellen, um auf diese Weise die innig gefühlten Pflichten eines jeden Deutschen gegenüber dem Vaterland zu erfüllen.[38] Steife Regeln und Bevormundung lehnte er ab und mahnte Sittlichkeit ein. Die studierende Jugend sollte durch «*gymnastische und kriegerische Uebungen*»[39] im Turnen und an der Waffe im Geist einer vaterländischen Erziehung gebildet werden.

«Diese Kriegsübungen, und was sich an sie von politischer und sittlicher Erziehung knüpfen läßt, und die Turnübungen, die unser wackerer Jahn wieder ins Leben erweckt hat und die hoffentlich in wenigen Jahren bei keiner Schule und bei keinem Gymnasium in Teutschland mehr fehlen werden, müssen uns eine viel festere und ernstere Jugend schaffen, die durch höhere Ansicht des Lebens und durch die innig gefühlten Pflichten, die jeder Teutsche gegen sein Volk und sein Vaterland hat, von vielem Leichtsinn befreit und vor vielen Thorheiten und Ausschweifungen behütet ist worüber jetzt nicht mit Unrecht oft auf Universitäten geklagt wird.»[40]

*

Die «*akademische Freiheit*» preiste Arndt als «*die lieblichste und köstlichste Blume des germanischen Geistes und des germanischen Christentums.*»[41] Mit diesem Pathos sprach er die studentische Jugend an und verlieh ihrem Nationalgefühl Ausdruck. Für ihn war es selbstverständlich, dass *teutsche Gesellschaft*[en][42] religiös beziehungsweise christlich gerichtet sind. Bundesfeiern sollten mit Gebet und Gottesdienst beginnen; Bundessymbol ist das Kreuz.[43]

Folgerichtig bildete sich diese Auffassung in den „Gesellschaften" weiter, wenn diese für die Aufnahme eines Mitglieds christliches Bekenntnis, deutsche Abstammung und sittliche Reinheit als Vorbedingung festsetzten.[44]

Arndts Anregungen führten zur Entstehung von Vereinigungen in Gießen, Heidelberg und Marburg, die als Vorgänger der Burschenschaft bezeichnet werden dürfen. Aus den 1814 im Rhein-Main-Gebiet gegründeten „Deutschen Gesellschaften" bildete sich unter der Führung von Wilhelm Snell (1789–1851) und Karl Hofmann (1795–1845) ein politischer Geheimbund, der eine Einigung Deutschlands unter preußischer Führung und eine freiheitliche Verfassung anstrebte.

In Jena versammelten sich im August 1814 die aus dem Felde zurückgekehrten Freiwilligen zu einer „Wehrschaft", die sich im Gebrauch der Waffen übte und aus Angehörigen der verschiedensten landsmannschaftlichen Verbindungen bestand.[45] Am 1. November 1814 gründete sich in Halle die Burschenschaft Teutonia mit dem Wahlspruch „Freiheit, Ehre, Vaterland", die bis 1819 bestand. Und am 12. Juni 1815, abermals in Jena, schließlich die Urburschenschaft, für welche die „Jahn-Friesensche Burschenschaftsordnung" bestimmend war.

Ein Wort noch zu Friedrich Friesen: Friesen war der eigentliche Initiator und Stifter des „Geheimen Deutschen Bundes" mit dem Ziel der Vorbereitung einer bewaffneten Erhebung und der inneren sittlichen Erneuerung des ganzen Volkes. 1808 gründete er in Berlin eine Fechtbodengesellschaft, in der Offiziere, bürgerliche Intellektuelle, Kaufleute und andere Patrioten Hieb- und Stoßfechten übten und politische Diskussionen zur Rettung des seit 1806 von Napoleon besetzten Vaterlandes führten.

Jahn beschrieb Friesen als «*ein*[en] *aufblühende*[n] *Mann in Jugendfülle und Jugendschöne, an Leib und Seele ohne Fehl, voll Unschuld und Weisheit, beredt wie ein Seher; eine Siegfriedgestalt, von großen Gaben und Gnaden, den jung und alt gleich lieb hatte.* Nach Jahn war Friesen nicht nur generell athletisch bewandert, sondern auch *ein Meister des Schwerts auf Hieb und Stoß, kurz, rasch, fest, fein, gewaltig und nicht zu ermüden, wenn seine Hand erst das Eisen fasste.*»[46]

Abb. 19 Theodor Körner, Friedrich Friesen und Heinrich
Hartmann auf Vorposten
Georg Friedrich Kersting (1785–1847), 1815, Öl auf Leinwand.
Nationalgalerie, Berlin, Staatliche Museen zu Berlin – Preußischer
Kulturbesitz, Inv.-Nr. A II 327.

Abb. 20 Die Kranzwinderin
Georg Friedrich Kersting (1785–1847), 1815, Öl auf Leinwand.
Nationalgalerie, Berlin, Staatliche Museen zu Berlin – Preußischer
Kulturbesitz, Inv.-Nr. A II 328.

Abb. 21 Bildnis Karl Philipp Fohr Druck, Radierung, 1818, gest. von Samuel Amsler (1791–1845). Berlin, Sammlung Kupferstichkabinett, Ident.-Nr. 995-64.

Gründung der Jenaischen Burschenschaft

Die neue Ära leitete die Auflösung der vier alten Jenaischen Landsmannschaften Thuringia, Vandalia, Franconia und Curonia ein. Die Protagonisten trafen sich am 12. Juni 1815 im „Gasthaus Grüne Tanne". Als Zeichen der Auflösung senkten dort die Landsmannschaften ihre Fahnen. Aus der Mitte der anwesenden Stifter wurden 30 Amtsträger gewählt. Zum ersten Sprecher wurde Carl Horn berufen, der letzte Senior der Landsmannschaft Vandalia. Damit war die Burschenschaft ins Leben gerufen. Zum Auftakt der ernsten studentischen Feier erklang das Arndtsche Bundeslied „Sind wir vereint zur guten Stunde". Beschlossen wurde die Gründungsfeier mit Arndts „Was ist des Deutschen Vaterland", das für diesen Anlass vom Studenten Cotta vertont wurde.[47] In der Verfassungsurkunde der Jenaischen Burschenschaft vom 12. Juni 1815 heißt es:

«Erhoben von dem Gedanken an ein gemeinsames Vaterland, durchdrungen von der heiligen Pflicht, die jedem Deutschen obliegt, auf Belebung deutscher Art und deutschen Sinnes hinzuwirken, hierdurch deutsche Kraft und Zucht zu erwecken, mithin die vorige Ehre und Herrlichkeit unsres Volkes wieder fest zu gründen und es für immer gegen die schrecklichste aller Gefahren, gegen fremde Unterjochung und Despotenzwang zu schützen, ist ein Teil der Studierenden in Jena zusammengetreten und hat sich beredet, eine Verbindung unter dem Namen einer B u r s c h e n s c h a f t zu gründen.»[48]

*

Die Schüler von Fichte, Jahn und Arndt hatten kein Verständnis mehr für die kleinstaatliche Zersplitterung Deutschlands. Als ein Bild ihres in Freiheit und Einheit erblühenden Volkes, wollte die Burschenschaft für die Überwindung der nationalen Zerrissenheit wirken. Als echte Kinder der Romantik stellten die Urburschenschafter den Glauben an die besondere Bestimmung und Bedeutung des Volkstums in die Mitte ihres Denkens und Handelns. Die Reinheit der deutschen Sprache, die Ehrbarkeit der deutschen Sitten, die Eigenart deutschen Brauchs, überhaupt alles zu fördern, was Deutschland groß und stark, den deutschen Namen rühmlich und gefürchtet machen konnte, war der Urburschenschaft oberstes Ziel.[49] Sie bestand aus Gruppen mit nationalen, christlichen und freiheitlichen Ideen. Sie forderte mit den Werten *Ehre, Freiheit, Vaterland* staatsbürgerliche Verantwortung, ethnische Solidarität und individuelle Freiheitsrechte zugleich ein. Möglich war diese Synthese verschiedener Elemente durch den elitären Ansatz, der in erster Linie die Pflicht des Einzelnen, für das Ganze einzutreten, betonte. Der Urburschenschaft gehörten insgesamt 859 aktive Studenten an, also rund 60 Prozent aller Studenten, die zwischen dem Sommersemester 1815 und dem Wintersemester 1819/20 in Jena studierten. Ein Abdeckungsgrad, den später keine Burschenschaft oder irgendeine andere Art von Verbindung mehr erreichen sollte. Die vollständige Liste aller Mitglieder der Urburschenschaft, das „Stamm-Buch", ist heute im Besitz der Burschenschaft Arminia auf dem Burgkeller Jena und wurde im Jahre 2005 neubearbeitet und publiziert.[50]

Als Gründer der Jenaischen Burschenschaft gelten die drei ehemaligen Lützower Carl Otto Horn (1794–1879), Heinrich Herrmann Riemann (1793–1872) und Karl Hermann Scheidler (1795–1866). Horn war erster Sprecher der Jenaischen Burschenschaft, Riemann Festredner auf dem Wartburgfest 1817 und Mitverfasser der „Grundsätze und Beschlüsse" und Scheidler führte mit dem Burschenschwert den Burschenzug auf die Wartburg an. Das 1883 gestiftete und von Adolf von Donndorf (1835–1916) geschaffene Burschenschaftsdenkmal in Jena, trägt die Porträtreliefs der drei Gründer, die in Bronze ausgeführt sind.

Sich als Avantgarde verstehend, trug die Burschenschaft auch ein neues modisches Bild nach außen. Das „Feyerkleid" der Urburschenschafter, das analog als „Altdeutsche Tracht" bezeichnet wird, folgt einerseits der Aufforderung Arndts nach einer „Deutschen Volkstracht" für den Mann andererseits dem „Altdeutschen Rock" Jahns. [51]

«[...] *Der teutsche Mann trägt gewöhnlich Stiefeln, die höchstens bis an die Kniebeuge hinaufgehen; bei feierlichsten Gelegenheiten nur trägt er Schuhe. Seine Beinkleider halten die Mitte zwischen zu eng und zu weit. [...] Sein gewöhnliches Kleid ist der alte deutsche Leibrock, welcher, nirgends ausgeschnitten, schlicht herabfällt, so daß er die Hälfte der Schenkel über dem Knie bedeckt. Wann er bewaffnet einhergeht, ist um denselben das Wehrgehäng, sonst ein leichter Gürtel geschnallt. Bei feierlichen Gelegenheiten trägt er immer ein Schwerdt, und hängt über diesen Leibrock einen leichten Mantel, der etwas über die Knie hinabreicht.*

*Den Hals befreit er von dem knechtischen Tuche und lässet
den Hemdkragen über den kurzen Rockkragen auf die Schul-
tern fallen. Bei Feierlichkeiten und Festen wird ein Federhut
mit den Volksfarben getragen; sonst mag er seinen Kopf be-
decken und schmücken, wie es ihm gefällt.*

*In solcher bestimmten Tracht, welche alle Männer tragen
müßten, die ihre eigenen Herren sind, würden die teutschen
Männer wieder stattlich, ernst, und würdig erscheinen. [...]»*[52]

*

Und so bestimmte die Burschenschaft ihr „Feyerkleid" als
schwarzen Waffenrock mit Aufschlägen aus rotem Samt, die
mit Eichenblättern aus Gold verziert sein konnten. Dazu ein
weißer Hemdkragen in Form des Schiller- oder Turner-
kragens, über den Rockkragen gelegt, unter dem Rock
schwarze lange Hosen und Stiefel mit Sporen, auf dem Kopf
einen Hut oder Helm mit Feder, an der Seite ein Schwert. Die
Schärpen, die bei feierlichen Aufzügen getragen wurden, sind
schwarz und rot, mit Gold durchwirkt. Haare und Bart wurden
lang getragen.

Der erste Wahlspruch „Dem Biedern Ehre und Achtung" war
Absage an die wilden Händel der Landsmannschaften und
anderer älterer studentischer Gesellschaften. Die Burschenschaft stellte diesen Auswüchsen genaue Vorschriften entgegen, wie ihre Mitglieder zusammenleben und in der Öffent-
lichkeit in Erscheinung treten sollten. Der Austragung von
Zweikämpfen (Mensuren) wurden strenge Regeln auferlegt.

Die ab 1815 von Studenten gegründeten Burschenschaften waren die Avantgarde der deutschen Nationalbewegung. Sie wurzelten in den Freiheitskriegen, standen unter dem Einfluss von Friedrich Ludwig Jahn, Ernst Moritz Arndt und Johann Gottlieb Fichte, waren geprägt durch eine idealistische Volkstumslehre, christliche Erweckung und patriotische Freiheitsliebe. Diese antinapoleonische Nationalbewegung deutscher Studenten war politische Jugendbewegung – die erste in Europa – und die erste nationale Organisation des deutschen Bürgertums überhaupt, die 1817 mit dem Wartburgfest die erste gesamtdeutsche Feier ausrichtete.[53]

Abb. 22 Siegel der Jenaer Urburschenschaft
Siegel mit dem Zeichen der Jenaischen Burschenschaft: gekreuzte Schläger, Gründungsdatum (12. Juni 1815), 9 Vorsteher, 21 Ausschussmitglieder, 113 Mitglieder und Wahlspruch E. F. V., d.i. „Ehre – Freiheit – Vaterland".

Anmerkungen

[1] Johann Gottlieb Fichte : Reden an die deutsche Nation. Berlin 1808, in der Realschulbuchhandlung.

[2] Vgl.: Johann Gottlieb Fichte's Sämmtliche Werke. Herausgegeben von J. H. Fichte. Zweite Abtheilung. B. Zur Religionsphilosophie. 3. Bd. Berlin 1845, Veit und Comp. S. 286ff.

[3] Fichte, Reden, 1808. 6. Rede: *Darlegung der deutschen Grundzüge in der Geschichte*, S. 177–207. S. 197.

[4] Ebda., 8. Rede: *Was ein Volk sei, in der höhern Bedeutung des Worts, und was Vaterlandsliebe*. S. 243–280. S. 258.

[5] Vgl. Heinrich August Winkler : Der lange Weg nach Westen. Bd. 1: Deutsche Geschichte vom Ende des Alten Reiches bis zum Untergang der Weimarer Republik. München 2002, C.H. Beck. S. 62. Auch: Christian Jansen, Henning Borggräfe : Nation – Nationalität – Nationalismus. Frankfurt am Main 2007, Campus Verlag. S. 47.

[6] Friedrich Ludwig Jahn : Deutsches Volksthum. Lübeck 1810, bei Niemann und Comp.

[7] Ebda., S.10.

[8] Ebda., S.14f.

[9] Ebda., S.18.

[10] Ebda., S.19.

[11] Ebda., S.20.

[12] Ebda., S.21.

[13] Ebda.

[14] Ebda., S. 23.

[15] Ebda., S. 24.

[16] Ebda., S. 318.

[17] Ebda., S. 199 f.

[18] Vgl.: Arnd Krüger : Sport und Politik. Vom Turnvater Jahn zum Staatsamateur. Hannover 1975, Fackelträger. Seitenzahl fehlt. Auch: Jansen/Borggräfe, 2007. S. 44.

[19] Vgl.: Hans-Joachim Bartmuß, Josef Ulfkotte : Nach dem Turnverbot: „Turnvater" Jahn zwischen 1819 und 1852. Böhlau, Köln/Wien/Weimar 2011. S. 32 u. 35–51.

[20] Ebda., S. 78 ff.

[21] Vgl.: Ebda., S. 81. Sowie Werner Bergmann : Jahn, Friedrich Ludwig. In: Wolfgang Benz (Hg.): Handbuch des Antisemitismus. Bd. 2: Personen. Berlin 2009, De Gruyter, Saur. S. 405f.

[22] Vgl.: Bartmuß, Ulfkotte, 2011. Wie FN 19.

[23] Vgl.: Peter Brandt : Die Befreiungskriege von 1813 bis 1815 in der deutschen Geschichte. In: Michael Grüttner u.a. (Hg.) : Geschichte und Emanzipation. Festschrift für Reinhard Rürup. Frankfurt am Main, New York 1999, Campus Verlag 1999. S. 101.

[24] Ebda., 102f.

[25] Ebda., 103.

[26] Zit. n. Brandt, 1999, S.103 : W. H. Ackermann an J. Blochmann v. 26.3.1813, in: Georg K. Barth : Der Lützower und Pestalozzianer W. H. Ackermann aus Auerbach i. V., Lehrer an der Musterschule in Frankfurt am Main. Leipzig und Berlin 1913. S. 11.

[27] Ebda. [Zit. nach Friedrich von Ammon : Das Leben Doktor Christian Samuel Gottlieb Nagels, Direktor des Königl. Preußischen Gymnasiums zu Kleve, Ritter des Eisernen Kreuzes, nebst einer Auswahl seiner Reden und Gedichte. Bd. 1. Kleve 1829. S. 76.].

[28] Ebda.

[29] Aufruf des Königs von Preußen Friedrich Wilhelm III. „An Mein Volk!" (17.03.1813). [Online]

[30] Amtlicher Bericht E.T.A. Hoffmanns (1820) zitiert in: Heinrich Pröhle: Friedrich Ludwig Jahns Leben. Berlin 1855. S. 351.

[31] J.D.F. Mannsdorf : Geschichte der geheimen Verbindungen der neuesten Zeit. Sechstes Heft. Leipzig 1831, Verlag Ambrosius Barth. S. 64–69. D.i.: Johann Daniel Ferdinand Neigebaur : Die Central-Untersuchungs-Commission zu Mainz und die demagogischen Umtriebe in den Burschenschaften der deutschen Universitäten zur Zeit des Bundestags-Beschlusses vom 20. September 1819.

[32] Wortlaut der Denkschrift siehe: Gustav Heinrich Schneider: Die Burschenschaft Germania zu Jena. Jena 1897. S. 8ff. Schneider entnahm die Denkschrift: *Ex actis. gener. I. der Königlichen Ministerial-Kommission, betreffend die auf den Universitäten bestehenden Burschenschaften vom 30. July 1819 bis 3. Januar 1820.*

[33] Zit. n. Sebastian Schermaul : Die Umsetzung der Karlsbader Beschlüsse an der Universität Leipzig 1819–1848. Juristische Zeitgeschichte, Abteilung I, Bd. 24. Berlin, Boston 2013. S. 6f.

[34] Ernst Moritz Arndt : *Über den deutschen Studentenstaat.* Köln 1815. In: *Der Wächter* : Eine Zeitschrift, in zwanglosen Heften. I. Bd., IV. Heft. Köln 1815, bei Heinrich Rommerskirchen. S. 317–383.

[35] Ebda., S. 319.

[36] Ebda., S. 356.

[37] Ebda., S.353–355.

[38] Schermaul, 2013. S. 6.

[39] Arndt, Studentenstaat. S. 377.

[40] Ebda. S. 378f.

[41] Ebda. S. 335.

[42] Ernst Moritz Arndt : *Entwurf einer teutschen Gesellschaft.* Frankfurt am Main 1814, Eichenberg.

[43] Ebda. S. 36f.

[44] Herman Haupt : Karl Follen und die Gießener Schwarzen. Beiträge zur Geschichte der politischen Geheimbünde und der Verfassungs-Entwicklung der alten Burschenschaft in den Jahren 1815–1819. Gießen 1907, Verlag Alfred Töpelmann. S. 66.

[45] Deutsche Burschenschaft : Stichwort „Urburschenschaft". [Online]

[46] Johann Christoph Amberger [Hg.] : Von der Turnerbewegung zur Wehrgymnastik. [Online] Die Deutsche Hiebfechtkunst. Zur Geschichte des deutschen Hiebfechtens mit geraden und krummen Klingen.

[47] Kaupp, Peter: Von den Farben der Jenaischen Urburschenschaft zu den deutschen Farben. Ein Beitrag zur Frühgeschichte der Entstehung von Schwarz-Rot-Gold. In: Für Burschenschaft und Vaterland: Festschrift für den Burschenschafter und Studenthistoriker Prof.

(FH) Dr. Peter Kaupp, herausgegeben von Bernhard Schroeter, 2006, S. 63ff.

[48] Herman Haupt (Hg.) : Quellen und Darstellungen zur Geschichte der Burschenschaft und der deutschen Einheitsbewegung. Band 1. 1910, C. Winter. S. 124.

[49] Ebda.

[50] Vgl. [Online] Wikipedia – Die freie Enzyklopädie. Eintrag „Urburschenschaft".

[51] Eva Maria Schneider : Herkunft und Verbreitungsformen der „Deutschen Nationaltracht der Befreiungskriege" als Ausdruck politischer Gesinnung. Band I. Inaugural-Dissertation, Friedrich-Wilhelms-Universität Bonn. Bonn 2002. S. 114–119.

[52] Ernst Moritz Arndt : *Ueber Sitte, Mode und Kleidertracht. Ein Wort aus der Zeit.* Frankfurt am Main 1814, bei Bernhard Körner. S. 51f.

[53] Zit. n. Harald Lönnecker : *„Unzufriedenheit mit den bestehenden Regierungen unter dem Volke zu verbreiten".* Politische Lieder der Burschenschaften aus der Zeit zwischen 1820 und 1850. Frankfurt am Main 2003. S. 2.

***

IV. WARTBURGFEST UND BURSCHENSCHAFT

Zu Pfingsten 1817 hatten Urburschenschafter beschlossen, anlässlich des 300. Jahrestages des Thesenanschlags Martin Luthers (1517) und des vierten Jahrestages der Völkerschlacht bei Leipzig (16.–19. Oktober 1813), Studenten deutscher Universitäten zum 18. Oktober 1817 auf die Wartburg zu einem „Nationalfest" einzuladen. Als Zufluchtsort Martin Luthers 1521/22 galt die Wartburg als deutsches Nationalsymbol.

**

Abb. 23 Eisenach. Die Wartburg.
P.Z., Fotochromdruck, Photoglob & Co, 1890–1900, Zürich.
Museum für Kunst und Gewerbe Hamburg, Sammlung Fotografie
und neue Medien, Inv.-Nr. P1976.433.2.

1. WARTBURGFEST 1817

Am 11. August 1817 ergingen sodann aus Jena Einladungsschreiben an Burschenschaften und Landsmannschaften der
Universitäten Berlin, Breslau, Erlangen, Gießen, Göttingen,
Greifswald, Heidelberg, Kiel, Königsberg, Leipzig, Marburg,
Rostock und Tübingen d.s. protestantische Universitäten. Die
strenge Abschottungspolitik Metternichs verhinderte die Ein-
ladung an die Studenten im Kaisertum Österreich. Dem Ruf
folgten zirka 500 Studenten von dreizehn Universitäten. Auch
mehrere Professoren der Universität Jena nahmen teil, so die
Mediziner Dietrich Georg Kieser (1779–1862) und Lorenz
Oken (1779–1851), der Historiker Heinrich Luden (1778–1847)
und der Philosoph Jakob Friedrich Fries (1773–1843).

Arndt nahm in seiner Schrift *Ein Wort über die Feier der
Leipziger Schlacht* (1814) Programm, Rahmen und Würde
solcher Nationalfeiern bereits bis in Details vorweg.[1] Vorbilder für diese Form von Großveranstaltungen sind in Festen
der Turnbewegung und Volksfesten der Französischen
Revolution zu finden.

Die Feier begann am 18. Oktober 1817, nachdem um sechs
Uhr zum Aufstehen geläutet worden war und sich die Teilnehmer auf dem Eisenacher Marktplatz versammelt hatten.
Dann begaben sich etwa tausend Menschen, darunter neben
den Studenten viele Bürger der Stadt, den Burgberg hinauf,
immer zu zweit gehend, hinter der schwarz-roten Fahne der
Burschenschaft. Oben angekommen, trat man im Minne-
sängersaal der Wartburg zusammen, es wurde ein Gebet

gesprochen und Luthers „Ein feste Burg ist unser Gott" ange-
stimmt. Die Ansprache hielt der Jenaer Theologiestudent
Heinrich Herrmann Riemann (1793–1872), der seine Zuhörer
an die schweren Prüfungen der Vergangenheit erinnerte, die
glückliche Befreiung Deutschlands preise und das Gelübde
aussprach:

«[...] *An dem was wir erkannt haben, wollen wir halten, so
lange ein Tropfen Blutes in unseren Adern rinnt. Der Geist,
der uns hier zusammenführte, der Geist der Wahrheit und
Gerechtigkeit, soll uns leiten durch unser ganzes Leben, daß
wir, Alle Brüder, Alle Söhne eines und desselben Vaterlandes,
eine eherne Mauer bilden und gegen jegliche äußere und
innere Feinde dieses Vaterlandes; daß uns in offener Schlacht
der brüllende Tod nicht schrecken soll, den heißen Kampf zu
bestehen, wenn der Eroberer droht; daß uns nicht blenden soll
der Glanz des Herrscherthrones, zu reden das starke, freie
Wort, wenn es Wahrheit und Recht gilt; Daß nimmer in uns
erlösche das Streben nach jeglicher menschlichen und
vaterländischen Tugend; [...]»*[2]

*

Nach der Feierstunde versammelte sich die Gemeinschaft im
Burghof um auf das herannahende gemeinsame Mittagessen
zu warten: «*Andere, eine große Zahl, sammelten sich in einen
Kreis, gesellige Lieder anstimmend, die zu diesem Behufe
unter dem Titel: „Lieder auf der Wartburg zu singen", besonders gedruckt und vertheilt waren.*»[3]

84

Eine Ansprache aus einer Gruppe aus dem Inneren des Burghofes gibt sich programmatisch:

«[...] *Ist der Studierte seinem Wesen nach also kein Provinzialist, so ist es unnatürlich, es durch eine künstliche Einrichtung erzwingen zu wollen. Es handelt sich demnach nicht von dem Uebertritt aus einer Landsmannschaft in die andere. Nicht die Weißen sollen Schwarze, nicht die Schwarzen Weiße, nicht die Wildhessen Althessen, nicht die Bayern Franken, die Thüringer Schwaben, die Mecklenburger Lievländer usf. werden; sondern ihr sollt nur, auch durch eure Einrichtung das werden, was ihr alle als Studenten seyd, U n i v e r s a le.»* [...] «*Eben deßhalb müsst ihr euch keine Namen geben, welche dieser Universalität widersprechen. Nicht weiße, schwarze, rothe, blaue usf. müsst ihr euch nennen; denn das sind auch andere; auch nicht Teutonen müsst ihr euch nennen; denn Teutonen sind auch die andern. Euer Name sey, was ihr allein und ausschließlich seyd, nehmlich S t u d e n t e n s c h a f t oder B u r s c h e n s c h a f t. Dazu gehört ihr alle, und niemand anders. Hütet euch aber, ein Abzeichen zu tragen, und so zur Parthey herabzusinken, das bewiese, dass ihr nicht wisst, dass der Stand der Gebilde-ten in sich den ganzen Staat wiederholt, und also sein Wesen zerstört durch Zersplitterung in Partheyen. [...]*»[4]

*

Dann ging es zum Mittagessen: «*Fröhliche Gesänge erheiterten noch mehr die schon zur Freude gestimmte Gesellschaft; vor allem aber die feierlichen Trinksprüche,*» [...] «*die inneren*

85

Gefühle des Herzens aussprechend mit unendlichem Jubel von der ganzen Versammlung wiederholt wurden.»[5]

*

Schließlich kehrten die Versammelten nach Eisenach zurück. Es fand noch ein Gottesdienst in der Marktkirche statt, dann führten die Jenaer und Berliner Turner („Burschenturner") vor den staunenden Augen der Eisenacher Turnspiele unter freiem Himmel vor.[6]

Auf der Kuppe des Wartenbergs hatte der Landsturm für den abendlichen Höhepunkt des 18. Oktobers Dank- und Siegesfeuer entzündet. Die Studenten zogen mit Fackeln wie eine leuchtende Schlange die Anhöhe hinauf und versammelten sich um die Feuer. Lieder wurden gesungen und der Philosophiestudent Ludwig Rödiger (1798–1866)[7] aus Jena hielt eine Ansprache, die sich in Ton und Schärfe deutlich von dem unterschied, was am Vormittag zu hören war.[8] Rödigers Rede formulierte am schärfsten den studentischen Protest. Seine „Rede am Feuer"[9] leitete er mit den Worten ein:

«So hat denn nach drei Jahrhunderten blutigen Kampfes dein wahrhaftiger Geist, o Luther, Deutschlands Burschen abermals zusammengeführt, die sich Brüder fühlen herzlicher als je, des deutschen Namens stolzer sich bewußt als je, um tief ergriffen von dem Umschwung dieser hoffnungsreichen Zeit ein lang verhaltenes Wort der Begeisterung zu geben und zu nehmen.»

*

Er geißelt die Kleinstaaterei und den Verrat deutscher Fürsten während der Napoleonischen Zeit:

«Denkt nur an die Schande der vorigen Jahre und an die Herrlichkeit der letzten. Längst verpestet von dem Gifthauch herrschsüchtiger Fremden, bübisch zerrissen in seinem Innern, eine Kleinlichkeit und eine Zwietracht, sank das deutsche Land unter das eiserne Joch des Zerstörers. Fürsten buhlten schamlos um das Verderben; Deutsche mussten Jubeln, das Deutschland sank. [...] Aber glühend steh gegraben in die Brust aller Deutschen die Erinnerung dieser Schmach auf alle kommende Zeit!»[10]

*

Und Rödiger gipfelte in den Worten:

«Wer bluten darf für das Vaterland, der darf auch davon reden, wie er ihm am besten diene im Frieden. So stehn wir unter freiem Himmel und sagen das Wahre und Rechte laut. Denn die Zeit ist gottlob gekommen, wo sich der Deutsche nicht mehr fürchten soll vor den Schlangenzungen der Lauscher und dem Henkerbeil der Tyrannen und sich niemand entschuldigen muß, wenn er vom Heiligen und Wahren spricht.»[11]

*

Die nachfolgenden, von Pathos getragenen Worte Rödigers seien auszugsweise festgemacht:

«Hier laßt uns aber von dem Gemeingeist der Gerechtigkeit reden, dem wir den Weg bereiten wollen. Denn das fromme

und sittliche Leben in ihm will nicht befohlen, es will vom Geist dem Geist gepredigt werden; des Volkes brüderliche Einheit will in der Gesinnung leben.»[12]

*

«Denn der Geist der Freiheit und der Wahrheit will nicht auf der Zunge sitzen, sondern im Kern des Herzens.»[13]

*

«Eins aber thut uns gar Noth, was alles Strebens Ziel und Preis zugleich ist: der feste Charakter der Ehre und der Gerechtigkeit. [...] Lebt aber der wahre Geist in uns, so ist auch die Zeit des Charakters schon für uns da.»[14]

«Es geht sein Wort der Ehre an jeden Einzelnen; sein Wort der Gerechtigkeit an den Gemeingeist unseres Burschenlebens. Wie dieser Geist nur der eine ist, so lasst uns auch nur einen Bund stiften, in dem er regierte. Die Natur hat uns alle verschieden geboren; der Geist aber hat uns zu Brüdern gemacht.»[15]

*

«Was ist aber das Deutsche, was wir wollen in Sprache und Sitte? Nicht das gedankenlose Prunken mit Tugenden, die so mehr abbleichen als man sie nach außen kehrt, nicht der leere Klang des Namens. Ungesucht entfaltet sich das Volksthümliche, wie eine unsichtbare Blume; das Volk hat dabei nur das schöne Lob, daß es das Natürliche in seiner Kraft und Keuschheit bewahre.»[16]   *

*«Pflanzstätten ihres ewig jungen Geistes sollen alle Hoch-
schulen des Deutsches Landes werden, damit er wurzle und
blühe in dem Gemeinsinn des ganzen kräftigen, besonnenen
Volkes, das werth ist den Tag des Herrn zu schauen, und
damit künftig allen Nationen rings umher diese Feuer
leuchten ein Vorbild und ein Hoffnung.»*[17]

*

*«Kraft und Schönheit des Geistes wie des Leibes, Mäßigkeit
und frommes begeistertes Streben seien das Lob unseres
Gemeinsinnes und das kräftige Selbstvertrauen, damit die
Schwachen, Verdorbenen und Eiteln nicht herrschen über
uns.*

*Fluch aber den Dämonen der Faulheit, der Geilheit und
Eitelkeit, die Jahrhundertelang schon das europäische Leben
vergiften, und womit man leider in unserem Vaterland noch
prahlt und schön thut.*

*Wie den Geist nichts zwingt, so sind auch wir die alleinigen
Bürgen unserer Hoffnung; allein wir sind schuld, wird sie zu
Schanden.*

*Wir sind nicht zusammengetreten, uns zu schmücken mit den
Aerntekränzen der Ruhe, sondern mit dem Eichenlaub zum
Sterben und froh zu salben Leib und Geist – denn es wird ein
heißer Kampf noch kommen mit den Argen und Eiteln.»*[18]

*

*«Durch Sturm und Nacht brenne aber dieser Tag fort mit
seinem Schwur und ergreife fort und fort alle Herzen, bis*

*der andere Tag kommt und wir hören werden die Stimme
des Herrn.»*[19]

*

*«Darum muthig vorwärts, wie der Geist seine ewige Bürgschaft
stellt!*

*Denn der sagt, ihr verdient nur, was eure That werth ist. Wer
an seiner Kraft verzagt, die Bahn zu laufen, der wird auch nie
den Preis des Zieles erringen.*

*So wollen denn wir thun, was bei uns steht. Du aber wirst es
gut verwalten, du über den Gestirnen, auf daß, wenn nach
hundert Jahren abermals die Flammen lohen von den Bergen
und frohe Lieder aufwärts dringen, dann an dieser Stelle
bessere und mehr erleuchtete stehen, dich zu segnen und
auch uns zu rühmen als ihre wackren Vorläufer.*

*Von uns wird dann wohl keiner mehr da sein, sondern wir
alle werden in den Gräbern liegen und auf ihnen wird ein
freies, frohes und glückliches Volk leben und wirken unter
der Sonne.*

*Aber wir werden auch nicht ganz dahin sein; in dem ewigen
Lichte der Ideen, die uns irdisch schon durchglüen, winkt uns
des ewigen Friedens Palmenkranz und wohl dem Geiste, der
dann segnend herniederschaut.»*[20]

*

Nachdem noch einige Lieder gesungen waren, endete die
offizielle Feier. Die Burschenversammlung zerstreute sich an

die auf dem Wartenberge verteilten Feuer. Unter dem Titel „Zugabe des Festes"[21] beschreibt der Chronist des Wartburgfestes Dietrich Georg Kieser, die anschließende, nicht zum offiziellen Programm gehörende, „Bücherverbrennung":

«[...] *ganz ohne Vorwissen und Mitwissen des Ausschusses der sämmtlichen Hochschulen, der ernsten und heiligen Feier des Tages die lustige Person mit sarkastischem Muthwillen auf dem Fuße nachfolgte, und die ausgesprochene Idee der Versammlung, jedem am Vaterlande verübten Unrecht und Unbill entgegenzutreten, sinnbildlich verwirklichend, ein strafendes Auto da fé[22] über Bücher und andere Gegenstände ergehen ließ, die nach ihrer Meinung der allgemeinen Stimmung des deutschen Volkes nicht zusagte.[...]»[23]*

*

Bei diesem „Feuergericht" handelte es sich im engeren Sinne um keine Bücherverbrennung wie sie die Geschichte an anderen Stellen kennt, da es sich um mit Buchtiteln beschriftete Makulaturballen handelte, die symbolisch verbrannt wurden. Dazu gehörten Werke, welche die aristokratische Kleinstaaterei verteidigten oder solche, welche die junge deutsche Nationalbewegung und deren Vertreter schmähten. Zudem wurden Symbole der Gegner der frühen burschenschaftlichen Einheits- und Freiheitsbewegung verbrannt, die dem militärischen Kontext zuzuordnen sind:

Abb. 24 *Autodafé* beim Wartburgfest 1817

«Ein Schnürleib:

> *[Es hat der Held und Kraft-Ulan*
> *Sich einen Schnürleib umgethan,*
> *Damit das Herz dem braven Mann*
> *Nicht in die Hosen fallen kann!]*

Ein Pracht-, Prahl- und Patentzopf.

Ein großmächtiger Corporalstock:

> *[Diese drei aber brennen als würdige Vertreter ihrer*
> *Brüder- und Sippschaft, als die Hauptleute und*
> *Flügelmänner des* Camschen*dienstes, die Schmach*
> *des ernsten heiligen Wehrstandes.]»*[24]

*

Der bis heute formulierte Antisemitismusvorwurf des „Feuergerichts" wird insbesondere darin festgemacht, dass auch Saul Aschers „Germanomanie" (Berlin 1815) verbrannt wurde. Darin hatte sich Ascher über Jahn lustig gemacht. Jahn empörte sich als Reaktion darauf über Aschers „Französelei" mehr, denn der Tatsache, dass Ascher Jude war.[25]

Der Hauptakteur des *Autodafé*, Hans Ferdinand Maßmann, von dem noch zu sprechen sein wird, rechtfertigte in einer empathischen *„Selbstvertheidigung"* sein Tun auf dem Wartenberg mit den Worten:

« Wir wollten verbrennen und haben verbrannt, worüber
unsre innere Flamme und Glut heiß und hell aufloderte und
immerdar auflodern möge, die Grundsätze und Irrlehren der

*Zwingherrschaft, Knechtschaft, Unfreiheit und Ungerechtig-
keit, Unmännlichkeit und Unjugendlichkeit, Geheimkrämerei
und Blindschleicherei, des Kastengeistes und der Drillerei
(Leibes und der Seelen), die Machwerke des
Schergen.Hof.Zopf.Schnür- und Perückenteufels, der
Unschönheit und Untugend – alle Schmach des Lebens
und Vaterlandes.»*[26]

*

Karl Hoffmeister (1796–1844)[27] nennt in seiner *Beschreibung
des Festes auf der Wartburg: ein Sendschreiben an die Gutgesinnten* (1818) als Beweggründe zum *Autodafé:*

*«Im Namen der Gerechtigkeit, des Vaterlandes und des
Gemeingeistes. Ein gerechtes Gericht sollte hier gehalten
werden über die schlechten, das Vaterland entehrenden,
unsern Volksgeist verderbenden Schriften; zum Schrecken
der Schlechtgesinnten und aller derjenigen, die mit ihrem
seichten Wesen leider ! nur zu sehr die alte, keusche
Volkssitte entstellt und entkräftet, die das Gefühl und den
Geschmack verwischt und entwürdigt haben, damit diesem
Unfug gesteuert werde, zur Freude aller Gutgesinnten, wie
zur Hebung jeden Talents.»*[28]

*

Mit dem Titel *Der Studentenfrieden auf der Wartburg*[29] erschien 1817 in der von Lorenz Oken herausgegebenen Zeitschrift ISIS *oder Encyclopädische Zeitung*[30] der erste Zeit-
schriftenartikel zum Wartburgfest. Darin enthalten ist auch
eine Darstellung und Beschreibung der auf dem Wartenberg

verbrannten Gegenstände, die mit gezeichneten «*maliciösen Bildchen, z. B. einem Paar Eselsohren, einem Schafkopf, einem Fuchsschwanz, einer Knute etc.*»[31] neben den Namen der Autoren illustriert wurden.

Am zweite Tag des Wartburgfestes, dem 19. Oktober, versammelten sich die Studenten erneut auf der Wartburg, um auf hohem Niveau und in sachlicher, von gegenseitigem Respekt getragener Diskussion, Fragen der studentischen Verantwortung gegenüber dem Staat zu diskutieren. Dort ergriff Friedrich Wilhelm Carové (1789–1852), Sprecher der Heidelberger Burschenschaft, das Wort zur letzten großen Rede, die als bedeutendste geistige Leistung des Wartburgfestes charakterisiert wurde, in der er mahnte und forderte:

«*Die Standesehre der Hochschüler mit der Volksehre zu versöhnen [...], daß die Willkür ende, und daß das Recht gesichert werde [...] Und wie wir kein Unrecht gegen unsere Standesgefährten mehr üben wollen, so müssen wir auch allen übrigen Ständen ihr Recht nicht verkümmern, denn so lange noch ein Stand den anderen im Staate verachtet oder befeindet, so lange ist der Staat noch kein Staat, sondern ein krankhaftes Zwittergeschöpf.*»[32]

*

nicht selbst aufreiben, so lang sie im Ganzen das ist, was eine Landsmannschaft im Theil.

Das überlegt! Geht nicht aus einander, wie ihr gekommen seyd! Einige Grundgesetze macht, und gebt sie jedem mit nach Hause. Ein geschriebenes Wort hat Bundeskraft! ———— Auf Wiedersehen, doch nicht vor drey Jahren!

Darauf wurde zum Essen geblasen. Es war ein fröhliches Mahl. Der Wein stärkte das Gefühl und den guten Vorsatz, der aus jedem Gesicht leuchtete. Es wurden Gesundheiten ausgebracht, die uns aber nicht im Geiste des Festes geschienen; daher behielten wir die unserigen im Herzen.

Nach Tische, es mochte 3 Uhr seyn, gieng der Zug den Berg herunter, und mit dem Landsturm freundschaftlich und gleichen Ranges in die Stadtkirche, wo die Predigt allgemeine Wirkung hervorbrachte.

Darauf wurden Turnübungen auf dem Markte angestellt — und darauf wurde es dunkel. — So ist jede Minute in löblicher Thätigkeit zugebracht worden.

Nach 7 Uhr zogen die Studenten, jeder mit einer Fackel, also deren etwa an 600 den Berg zu den Siegesfeuern, wo der Landsturm schon versammelt war. Oben wurden Lieder gesungen, und wieder eine Rede von einem Studenten gehalten, die wir nicht gehört, die aber allgemein als besonders kräftig gerühmt worden ist.

Darauf wurde Feuergericht gehalten über folgende Stücke, die zuerst an einer Mistgabel hoch in die Höhe gehalten dem versammelten Volke gezeigt, und dann unter Verwünschungen in die Flamme geworfen wurden.

Es waren aber die Abgebrannten diese:

Ein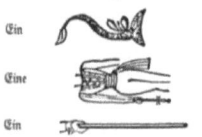

Eine

Ein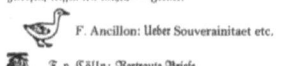

(Ob jedoch diese drey Dinge die ersten oder die letzten gewesen, wissen wir nicht.) — Ferner:

F. Ancillon: Ueber Souverainitaet etc.

F. v. Cölln: Vertraute Briefe.
—— —— Freymüthige Blätter, ua.
Crome: Deutschlands Crisis u. Rettung.

Dabelow: Der 13te Artikel der deutschen Bundesacte. usw.

H. . . . . . . : die deutschen Roth-u. Schwarzmännler.

K.L. v. Haller: Restauration der Staatswissenschaft.

—— —— —— —— —— —— —— ——

: : Harl: Ue. die gemeinschädl. Folgen der Bernachläffigung einer den Zeitbedürfnissen angemessenen Policey in Universitätsorten überhaupt und in Ansehung der Studierenden ins Besondere.

 Janke: Der neuen Freyheitsprediger Constitutionsgeschrey.

Kotzebue: Geschichte des deutschen Reichs.

L. Theobul Kosegarten: Rede gesprochen am Napoleonstage 1809.
—— —— Geschichte meines fünfzigsten Lebensjahres.
—— —— Vaterländische Lieder.

K. A. v. Kamptz: Codex der Gensd'armerie.

B. Reinhard: Die Bundesacte über Ob, Wann und Wie? deutscher Landstände.

 Schmalz: Berichtigung einer Stelle in der Bredow-Venturinischen Chronik; und die beyden darauf.

 Saul Ascher: Germanomanie.

Chr. v. Benzel Sternau: Jason.

Werner: Weihe der Kraft.
—— —— die Söhne des Thals.

K. v. Wangenheim; die Ideen der Staatsverfassung.
Der Code Napoleon und? Zachariä über denselben.

 Immermann: Ein Wort zur Beherzigung (gegen die Burschenschaft zu Halle.)

▽ Wadzeck, Scherer und andere gegen die Turnkunst.

✡ Die Statuten der Adelskette.

✡ Allemannia, und andere Zeitschriften und Zeitungen, deren Titel wir nicht erfahren konnten. Doch die Namen von vielen, die nicht verbrannt worden, können wir den Herausgebern, welchen daran liegt, nennen.
Nach 12 Uhr begab man sich zur Ruhe.

Des andern Tages versammelten sich Vormittags die Studenten wieder auf der Wartburg, wobei vieles zur Sprache gekommen, was den künftigen Studentenbrauch, besonders die Einschränkung der Zweykämpfe betrifft. Die durch Landsmannschaften feindlich zerrissenen Studenten aus Gießen werfen sich in die Arme, und söhnen sich aus. So hat ein heiliger, aber freyer Augenblick, wo nur die Stimme der Jünglinge galt wie rieth, gethan, was nicht der Darmstädter Hof mit all seinen Soldaten, was nicht der gesammte Senat, in Perückengesetze gesteckt, hervorzubringen im Stande gewesen; ja vielmehr, was den Haß

Abb. 25 „Maliciöse Bildchen"
Beschreibung des *Autodafé* auf der Wartburg am 18.10.1817. Ausschnitt, mit Holzschnitten zu den verbrannten Gegenständen und symbolisch, ironisch und sarkastischen Andeutungen von Charakter- und Wesenszügen der Verfasser der Schriften.

Sodann wandten sich die Teilnehmer studentischen Fragen zu, insbesondere den immer noch andauernden Differenzen zwischen Burschenschaften und Landsmannschaften/Corps. In freier Rede ihre Anliegen vorbringend, überwanden die Studenten für den Moment ihre Differenz und vereinten ihren Geist und ihr Tun in *einer* Burschenschaft. Zum Abschluss kam noch einmal ein großer Teil der Studenten in der Eisenacher Stadtkirche zusammen, um nach dem Gottesdienst das Abendmahl zu empfangen.

Auf dem Wartburgfest wurde das Ziel der Zusammenführung der Studentenschaft in eine einheitliche Organisation durchformuliert, um damit die Einheit Deutschlands im universitären Bereich vorwegzunehmen. Es war eine von hohem Ernst getragene, rein studentische Veranstaltung mit bemerkenswertem Symbolgehalt und als erstes national-gesamtdeutsches Treffen von außerordentlicher Bedeutung, nicht nur für die Geschichte des Korporationsstudententums, speziell der Burschenschaft, besonders auch für die demokratisch-politische Entwicklung in Deutschland. Das bleibende und in den demokratischen deutschen Verfassungen nachwirkende Erbe des Wartburgfestes sind die „Grundsätze und Beschlüsse des achtzehnten Oktobers [1817]".[33] Verfassungsgeschichtlich, d. h. der „Grundsätze und Beschlüsse" wegen, war das Wartburgfest „die erste Manifestation des nationaldemokratischen Prinzips in Deutschland".[34]

Mit den Karlsbader Beschlüssen war das große Projekt, ein öffentliches, bürgerlich-demokratisch orientiertes Studentenleben aufzubauen, gescheitert. 1819 kam der Bruch, eine über-

greifende Bewegung blieb ein Traum. „Das Band ist zerschnit-
ten, war schwarz, rot und gold", trauerte Daniel August von
Binzer (1793–1868) zur Auflösung der Burschenschaft am
26. November 1819. Die Urburschenschaft zerfiel danach in
Arminia, Germania und Teutonia.

2. LIEDER VON DEUTSCHLAND'S BURSCHEN

Das von Robert Wesselhöft (1796–1852)[35] im Auftrag der Jenaer Burschenschaft gezeichnete Einladungsschreiben des Wartburgfestes vom 11. August 1815[36] beinhaltet auch musika-lisch-lyrische Aspekte, die an dieser Stelle genauer betrachtet werden sollen. Zur Erstellung eines Liederbuchs für das Fest wurde die deutsche Studentenschaft um Einsendung von Liedbeiträgen gebeten. Aus diesen entstand die Schrift *Lieder von Deutschland's Burschen zu singen auf der Wartburg am achtzehnten Oktober des Reformationsjubeljahrs 1817*[37], das an die versammelten Studenten auf dem Eisenacher Markt-platz verteilt wurde. Aus studentenhistorischer Sicht sind auch die Grußformeln der Antwortschreiben bemerkenswert.

Dazu heißt es:[38]

«Jena, den 11. August 1817»

«Gruß zuvor! Lieben Freunde!»

«[...] Ferner bitten wir, jeden unter Euch aufzufordern, diesen Tag in einem Gesange nach einer bekannten Weise zu ver-herrlichen, und selbigen uns wenigstens 14 Tage vorher einzu-senden, damit wir gehörig den Druck besorgen können. [...]»

Die deutschen Hochschulen entgegneten in ihren Antwort-schreiben:

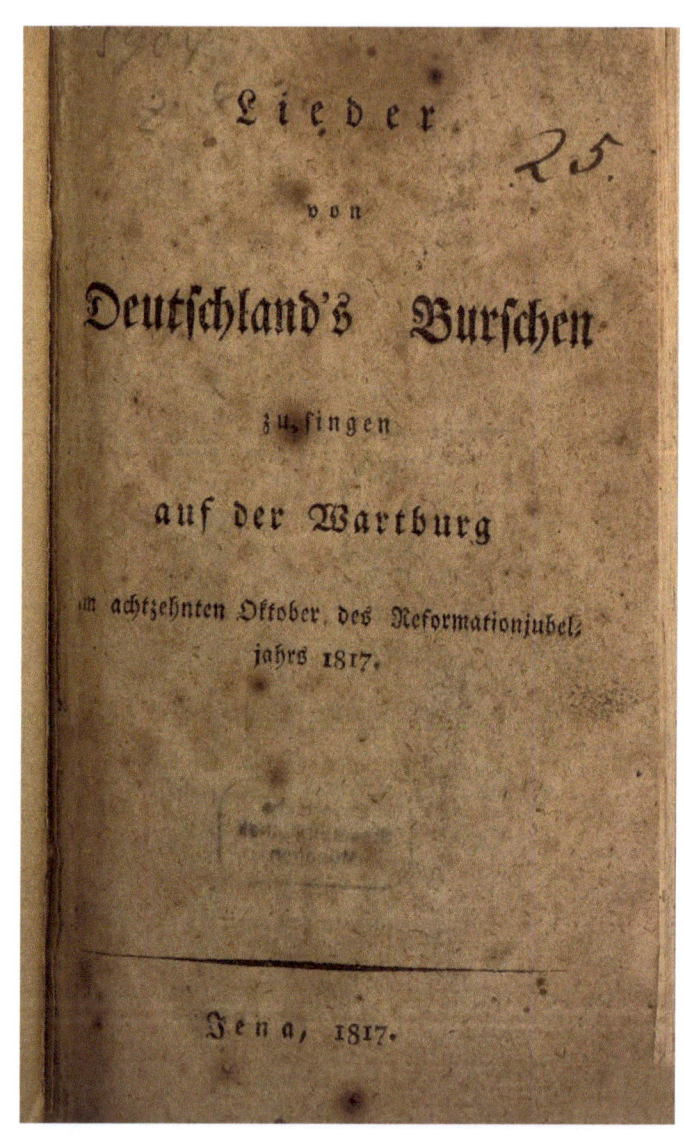

Abb. 26 Lieder von Deutschland's Burschen

«Erlangen, den 23. August 1817»

«Gruß zuvor! Lieben Freunde!»

«[...] Sollte sich noch Einer oder der Andere finden, der das Fest zu besingen Kraft genug hat, so wollen wir Euch solche Erzeugnisse bald möglichst überschicken. [...]»

«Berlin, den 25. August 1817»

«Unsern Gruß zuvor! Lieben Brüder!»

«[...] Ein Gedicht wird sobald als möglich überschickt werden. [...]»

«Kiel, den 28. August 1817»

«[...] In Betreff des Liedes vermuthen wir, daß es, so wie die übrigen eingeschickten, gemeinschaftlich auf der Wartburg gesungen werden wird, und wollen nicht verfehlen, es Euch zeitig zu übersenden. [...]»

«Leipzig, am 30. August 1817»

«Unsern freundlichen Gruß zuvor! Lieben Brüder!»

«[...] Zugleich werden wir dafür sorgen, daß ein zu diesem Tage passendes Lied gefertigt und zur gehörigen Zeit eingesendet werden. [...]»

«Gießen, den 3. September 1817»

«Freunde und Brüder!»

«[...] Ob Ihr Lieder erhalten werdet, können wir Euch zum Voraus nicht bestimmen, weil es von Einzelnen abhängt, die jedoch für die zeitige Einsendung sorgen werden. [...]»

«Heidelberg, den 6. September 1817»

«Gruß und deutschen Handschlag zuvor!
Lieben Freunde und Brüder!»

«[...] Falls noch einige Lieder von uns gedichtet werden
sollten, so wollen wir Euch dieselben zuschicken. [...]»

Das *Liederbuch von Deutschland's Burschen*, das über die
Bayerische Staatsbibliothek, die Thüringer Universitäts- und
Landesbibliothek und andere Quellen digital verfügbar ist,
gliedert sich in zwei, mit römischen Ziffern versehene, Teile
und enthält 16 Lieder auf 38 Seiten. Teil I. für die tragenden
Höhepunkte des Festes, Teil II. zum Anlass der Freuden- und
Siegesfeuer auf dem Wartenberg.

Prominent sind darin Luther („Ein feste Burg") und Arndt
(„Sind wir vereint zur guten Stunde", „Deutsches Herz verzage
nicht") vertreten. Daneben sticht Goethes „Allgemeines Volkslied am 18. und 19. Oktober" („Was strahlt auf der Berge
nächtlichen Höhn") hervor, das im Liederbuch ohne Autor
mit der Melodie von Carl Maria v. Weber „Lützows wilde
Jagd" angegeben ist.

Auffallend ist die Beteiligung der Kieler Burschenschaft mit
Binzer, Biernatzki, Heiberg und Olshausen, welche die
meisten Liedtexte zum „Wartburgliederbuch" beisteuerten.
Dies ist insofern bemerkenswert, da zu dieser Zeit 67 Kieler
Burschenschafter aufgrund ihrer pro-dänischen Haltung in
Verruf geraten waren, was zur Verstimmung mit Jenaer,
Göttinger und Berliner Studenten führte.[39] Dennoch waren sie
zum Wartburgfest eingeladen und kamen mit rund 40 Vertre-

tern.[40] Innerhalb der Kieler gab es zudem eine Auseinandersetzung um die Lieder, die beigesteuert werden sollten. Im Protokoll vom 18. September 1817 heißt es zu Biernatzkis neuem Text auf die „Landesvater"-Melodie („Deutsche Brüder, frei und bieder"): *«daß wir es bei weitem für das schlechteste hielten, nicht dem Geiste nach, der in dem Ganzen weht, sondern nach den einzelnen, gar zu matten und fehlerhaften Stellen.»* Der Grund für diese herbe Kritik lag wohl in der nicht genug prononciert herausgearbeiteten „nationalen Aufgabe" und „Vorbildrolle" der geeinten Studentenschaft in den Liedern. Die Kieler waren bemüht, durch eine verstärkte religiöse, vor allem protestantische Argumentation, nationale Integrationsdefizite auszugleichen.[41]

Die Lyrik der Heidelberger und Erlanger Burschen ist mit Texten von Rödiger („Gesang am Feuer") und Zuccarini („Was lodern die Flammen von Bergeshöh'n") vertreten. Daneben der Jenaer Burschenschafter Hanitsch, der 1815 das Arndtsche „Bundeslied" vertonte und mit E. F. August ein maßgeblicher Turner („Was flimmert dort blendend, wie Nebellicht"). Die Lyrik der Kieler Olshausen („Zu herzinnigem Vereine, bieten wir die Bruderhand") und Binzer („Setzt euch Brüder in die Runde") folgt der älteren Melodie- und Textvorlage von Christian Friedrich Strackerjans (1777–1848) „Setzt euch Brüder in die Runde" (Bruderbund) aus dem Jahr 1801. Als weitere, ältere Melodiengeber lassen sich der deutsche Dichter und Komponist Christian Friedrich Daniel Schubart (1739–1791), der durch seine scharf formulierten sozial-kritischen Schriften, mit denen er die absolutistische

Herrschaft und deren Dekadenz im Herzogtum Württemberg seiner Zeit öffentlich anprangerte, festmachen („Auf, auf ihr Brüder, und seyd stark", 1787); aber auch der deutsche Kirchenmusiker Friedrich Wilhelm Berner (1780–1827), der 1815 Arndts „Deutsches Herz verzage nicht" vertonte und Johann Abraham Peter Schulz (1747–1800), der mit Johann Heinrich Voß (1751–1826) und „Des Jahres letzte Stunde" (1784) die Vorlage für C. K. Julius Aschenfeldts (stud. theol. in Göttingen) „Du ernste Feierstunde, die dreifach hehr uns naht" lieferten. Zuletzt fällt die Mehrfachpräsenz von C. M. von Webers schwungvoller Melodie „Lützows wilde verwegene Jagd" auf, die mit mehreren Textvarianten vertreten ist.

Als Vorsänger von „Ein feste Burg" und „Nun danket alle Gott" und als Segensspender beim Gottesdienst auf der Wartburg wird in Berichten der stimmkräftige Theologiestudent *«Dürr von Jena (aus Berlin)»*[42] genannt, d.i. Christian Eduard Leopold Dürre (1796–1879)[43].

Hans Ferdinand Maßmann (1797–1844), Turner und Jenaer Urburschenschafter (1816/1817), schildert in seiner *Kurzen und Wahrhaftigen Beschreibung des großen Burschenfestes auf der Wartburg*, die er anonym veröffentlichte und die als stark „gefärbt" kritisiert wurde, in Bezug auf das „Wartburgliederbuch", Lieder und Gesänge:

« Wie alle Deutsche Welt herzlichen und regen Antheil genommen an diesem Feste, davon zeugen auch die vielen eingekommenen Briefe, Schriften und Lieder. In Jena waren zu diesem Feste eine Anzahl Lieder gedruckt worden, die

von fast allen eingeladenen Hochschulen einliefen, als Zeichen der Begeisterung, so sie Burschen mitbrachten, und des edlen Sinnes unserer Deutschen Jugend. Sie erschienen unter dem Namen „Lieder von Deutschlands Burschen zu singen auf der Wartburg. Jena 1817."»[44]

*

Und ferner:

«*Gesang, des Gelages bester Gesell, blieb nicht aus; besonders war gesungen das Bundeslied von E. M. Arndt („Sind wir vereint zur guten Stunde").»*[45]

*

Abb. 27 Christian Eduard Leopold Dürre

Die nachfolgende Darstellung der Inhalte des „Wartburg-liederbuchs" von 1817 basiert auf einer Quellenanalyse und Eigenrecherchen zu den Autoren der Texte und Komponisten der Melodien, da die Angaben im Liederbuch dazu spärlich erfolgten. Sie stellt keinen Anspruch auf Vollständigkeit.[46]

Teil I.

1. *Ein feste Burg ist unser Gott*

Text und Melodie: Martin Luther (1483–1546), vor 1529, Choral.

2. *Nun danket alle Gott*

Text: Martin Rinckart (1586–1649)[47], erstmals 1636.
Melodie: M. Rinckart oder auch Johann Krüger (1598–1662), Choral.

3. *Bundeslied: Sind wir vereint zur guten Stunde*[48]

Text: Ernst Moritz Arndt, 1814.
Melodie: Georg Friedrich Hanitsch (1790–1865)[49], 1815.

4. *Der Burschenbund: Es glüht dort im Osten der Sonnenschein*

Text: Carl Friedrich Heiberg (1796–1872)[50], 1817.
Melodie: Carl Maria v. Weber (1786–1826) „Lützows wilde Jagd", 1814.

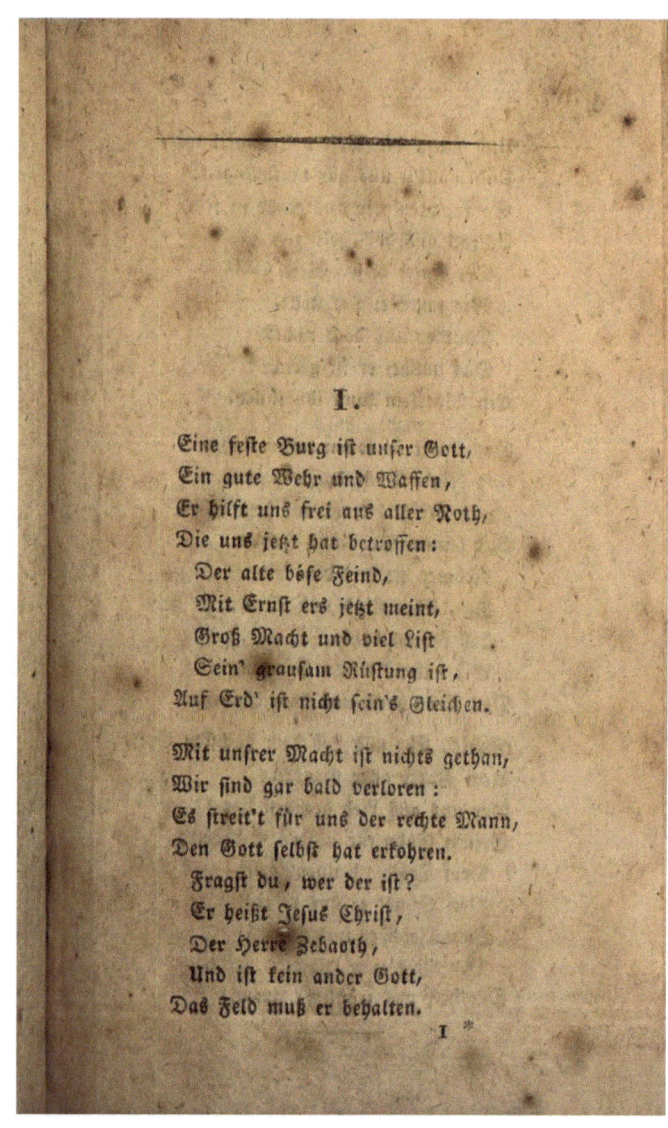

I.

Eine feste Burg ist unser Gott,
Ein gute Wehr und Waffen,
Er hilft uns frei aus aller Noth,
Die uns jetzt hat betroffen:
   Der alte böse Feind,
   Mit Ernst ers jetzt meint,
   Groß Macht und viel List
   Sein' grausam Rüstung ist,
Auf Erd' ist nicht sein's Gleichen.

Mit unsrer Macht ist nichts gethan,
Wir sind gar bald verloren:
Es streit't für uns der rechte Mann,
Den Gott selbst hat erkohren.
   Fragst du, wer der ist?
   Er heißt Jesus Christ,
   Der Herre Zebaoth,
   Und ist kein ander Gott,
Das Feld muß er behalten.

I *

Abb. 28 „Ein feste Burg"

108

5. *Deutsche Brüder, frei und bieder*

Worte: Johann Christoph Biernatzki (1795–1840)[51], 1817.
Melodie: Nach der Weise des „Landesvaters".

6. *Du ernste Feierstunde, die dreifach hehr uns naht*

Worte: Christoph Karl Julius Aschenfeldt (1792–1856).[52]
Melodie: Nach „Des Jahres letzte Stunde" (1784).[53]

7. *Zu herzinnigem Vereine, bieten wir die Bruderhand*

Worte: Wilhelm Olshausen (1798–1835)[54], 1817.
Melodie: Nach „Setzt euch Brüder in die Runde"
(Bruderbund) 1801.[55]

8. *Setzt Euch Brüder in die Runde*

Worte: August Daniel von Binzer (1793–1868)[56], 1817.
Melodie nach „Setzt euch Brüder in die Runde"
(Bruderbund), 1801.[57]

9. *Auf Brüder ströhmt die heil'gen Gluthen*

Recherchen ergaben kein Ergebnis.

10. *Auf Deutsche Brüder freud'gen Muth!*

Recherchen ergaben kein Ergebnis.

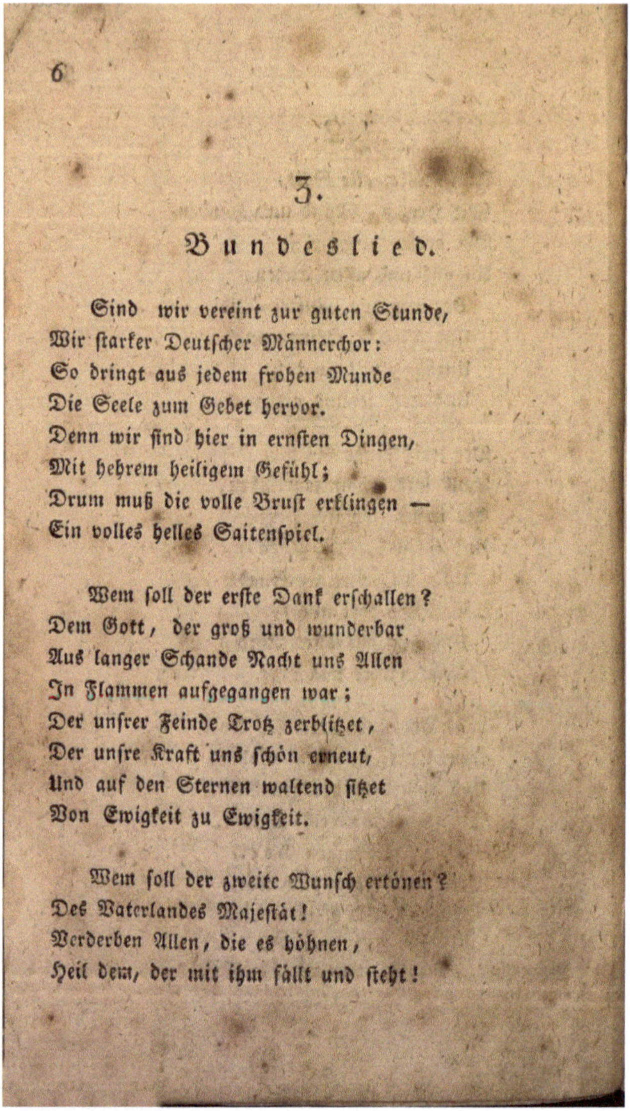

3.

Bundeslied.

Sind wir vereint zur guten Stunde,
Wir starker Deutscher Männerchor:
So dringt aus jedem frohen Munde
Die Seele zum Gebet hervor.
Denn wir sind hier in ernsten Dingen,
Mit hehrem heiligem Gefühl;
Drum muß die volle Brust erklingen —
Ein volles helles Saitenspiel.

Wem soll der erste Dank erschallen?
Dem Gott, der groß und wunderbar
Aus langer Schande Nacht uns Allen
In Flammen aufgegangen war;
Der unsrer Feinde Trotz zerblitzet,
Der unsre Kraft uns schön erneut,
Und auf den Sternen waltend sitzet
Von Ewigkeit zu Ewigkeit.

Wem soll der zweite Wunsch ertönen?
Des Vaterlandes Majestät!
Verderben Allen, die es höhnen,
Heil dem, der mit ihm fällt und steht!

Abb. 29 „Bundeslied"

Teil II.

11. *Gesang am Feuer*

Worte: Ludwig Rödiger (1798–1866)[58], 1817.
Melodie: „God save the King", 1744.[59]

12. *Was lodern die Flammen von Bergeshöh'n*

Text: Gerhard Zuccarini (1797–1848)[60], 1817.
Melodie: Keine Melodie angegeben.

13. *Was strahlt auf der Berge nächtlichen Höh'n*

Text: Kein Autor angegeben[61], *[1817; J.W. von Goethe, 1814].*
Melodie: Carl Maria v. Weber (1786–1826) „Lützows wilde
Jagd", 1814.

14. *Was flimmert dort blendend, wie Nebellicht*

Text: Kein Autor angegeben[62], *[1817; E.F.A., 1814].*
Melodie: Carl Maria v. Weber (1786–1826) „Lützows wilde
Jagd", 1814.

15. *Auf! Deutsche Männer und seyd wach*

Text: Kein Autor angegeben.[63] *[1817; nach Christian
Friedrich Daniel Schubart, 1787]*
Melodie: Nach „Auf, auf ihr Brüder, und seyd stark",1787.

16. Deutsches Herz, verzage nicht

Text: Ernst Moritz Arndt, 1813.[64]
Melodie: Friedrich Wilhelm Berner (1780–1827)[65], 1815.

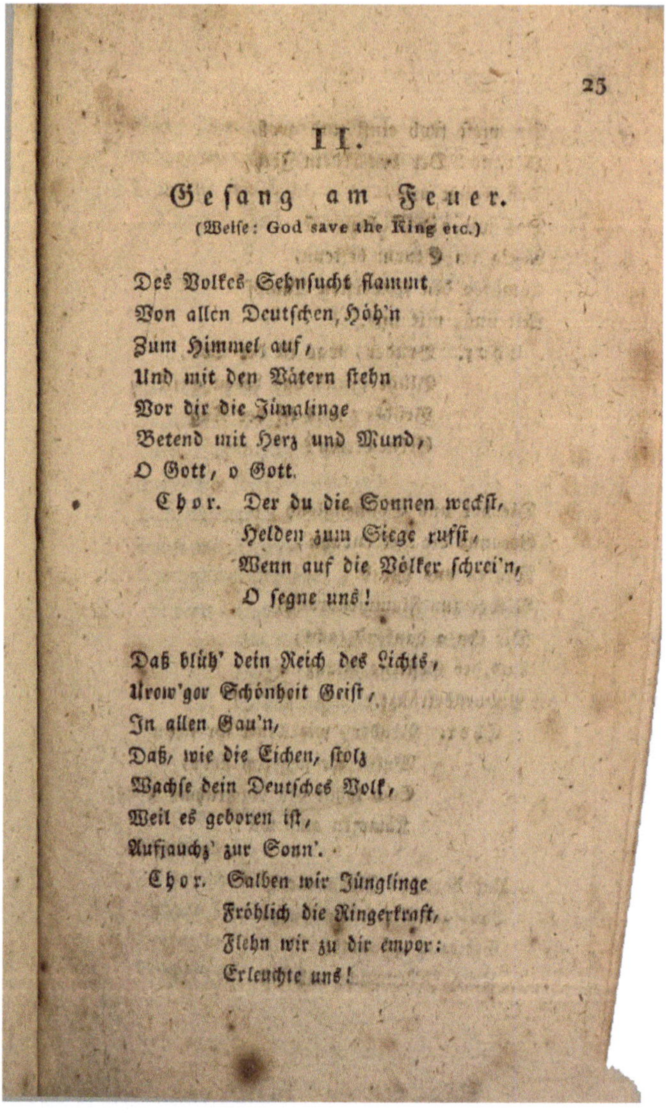

II.

Gesang am Feuer.

(Weise: God save the King etc.)

Des Volkes Sehnsucht flammt,
Von allen Deutschen Höh'n
Zum Himmel auf,
Und mit den Vätern stehn
Vor dir die Jünglinge
Betend mit Herz und Mund,
O Gott, o Gott.

    Chor. Der du die Sonnen weckst,
         Helden zum Siege rufst,
         Wenn auf die Völker schrei'n,
         O segne uns!

Daß blüh' dein Reich des Lichts,
Urew'ger Schönheit Geist,
In allen Gau'n,
Daß, wie die Eichen, stolz
Wachse dein Deutsches Volk,
Weil es geboren ist,
Aufjauchz' zur Sonn'.

    Chor. Salben wir Jünglinge
         Fröhlich die Ringerkraft,
         Flehn wir zu dir empor:
         Erleuchte uns!

Abb. 30 „Gesang am Feuer"

3. „WARTBURGFESTLIEDER"

In seiner *„Wahrhaftigen Beschreibung"* ergänzt Maßmann weitere Angaben zu Liedern, die nicht im Liederbuch abgedruckt, aber vor Ort verteilt wurden:

«Ein anderes Lied hatte Einer der Mitreisenden, Rudolf
Brandes, noch dort drucken lassen, das beim Mahle auf
der Wartburg vertheilt ward.» [...] *«Ferner zwei andre Lieder:*
Die Burschenfahrt nach der Wartburg am 18. Oktober 1817
und: die P r o t e s t a n t e n auf der Wartburg am 18. Okto-
ber 1817, [...]» [66]

*

Er schildert auch Ludwig Rödigers „Gesang am Feuer" auf dem Wartenberg:

«[...] Daselbst hatte der Landsturm bereits die Feuer angezün-
det und empfing den Zug. Der Wind blies schneidend und
kalt. Der Zug schloß den Kreis, und nach dem das Lied
„Des Volkes Sehnsucht stammt" gesungen, sprach Rödiger
(vom Rheine) Bursch von Jena [...]» [67]

*

Seine Beschreibung des *Autodafé* endet mit den Worten:

«Zuletzt nun, nachdem all' das Zeug verdammt, verdampft
und verloht war, ward noch gesungen der Reim [nach der
Weise: Ein freies Leben führen wir].

113

Zuletzt nun rufet Pereat

Den schuft'gen S c h m a l z g e s e l l e n

Und dreimal Pere-Pereat!
So fahren sie zur Höllen!
Auf! Auf! mein Deutsches Vaterland,
Ihr Brüder! reichet euch die Hand
Und schwört: so woll'n wir's halten!

Darauf war noch gar manch schön Liedlein gesungen
und manch wacker Wort gesprochen, bis Mitternacht
hereinbrach.»[68]

*

Der Reim stammt aus dem „Haupt-Festlied"[69] „Burschenfahrt auf die Wartburg"[70] von Friedrich Förster (1791–1868)[71] nach der Weise „Ein freies Leben führen wir".

Maßmanns, der später als mediävistischer Philologe einen der ersten Lehrstühle für Germanistik in München innehatte und als Dichter und Turner Bekanntheit erlangte, wurde für seine Beteiligung am *Autodafé* mit Karzer bestraft und während der Demagogenverfolgung nach Magdeburg ausgewiesen. Er dichtete 1820 das bekannte patriotische Lied „Ich hab mich ergeben". In seiner Beschreibung des Wartburgfestes ergänzt Maßmann auch Karl Follens (1796–1840)[72]„Deutsch Burschenlied" mit der Melodie „Heil dir im Siegerkranz":

«*Brause, du Freiheitsgesang,*
Brause, wie Wogendrang
Aus Felsenbrust!

Feig bebt der Knechte schwarm;
Uns schlägt das Herz so warm.
Uns zuckt der Jünglingsarm
Voll Thatenlust!»[73]

*

Karl Hoffmeister erwähnt in seiner *Beschreibung des Festes auf der Wartburg* als weitere Lieder:

«Die Protestanten auf der Wartburg.[74] *Die Burschenfahrt nach der Wartburg Trinklied für Freye von J.H. Voß*[75]*. –*
Meinen deutschen Brüdern zur Erinnerung an die 300jährige Jubelfeier der Reformation auf der Luthersburg von Rudolf Brandes.[76] *(Alle einzelne Lieder.)»*[77]

*

Er berichtet weiter, dass die Studenten nach dem Turnspiel einen Kreis bildeten und bis in den Abend hinein Vaterlandslieder sangen.

«Diese Lieder waren die Ergießungen von begeisterten jungen Männern von allen Universitäten und in Jena zusammen gedruckt worden unter dem Titel: „Lieder von Deutschlands Burschen"» [...] *«Manches schöne Lied ward hier begeistert fromm von den Jünglingen gesungen; [...]»*[78]

*

Zusammenfassend kann festgehalten werden, dass der Einfluss und Geist Arndts auf die Burschenschaft zentral war und sich

115

auch heute noch an vielen Orten *die eine Burschenschaft* feierlich im Geist mit seinem „Bundeslied" vereint.

Arndt selbst blieb bei der Mehrheit der Studenten auch später noch hochgeehrt und populär. Auf seine literarischen Beiträge, die vertont vielfach Eingang in Kommers- und Liederbücher fanden, sei hingewiesen. Bei Ausbruch der Revolution 1848/1849 wurde er am 17. März 1848 von der Studentenschaft mit einem Fackelzug geehrt und noch in hohem Alter zum Hauptmann einer Studentenkompanie gewählt.

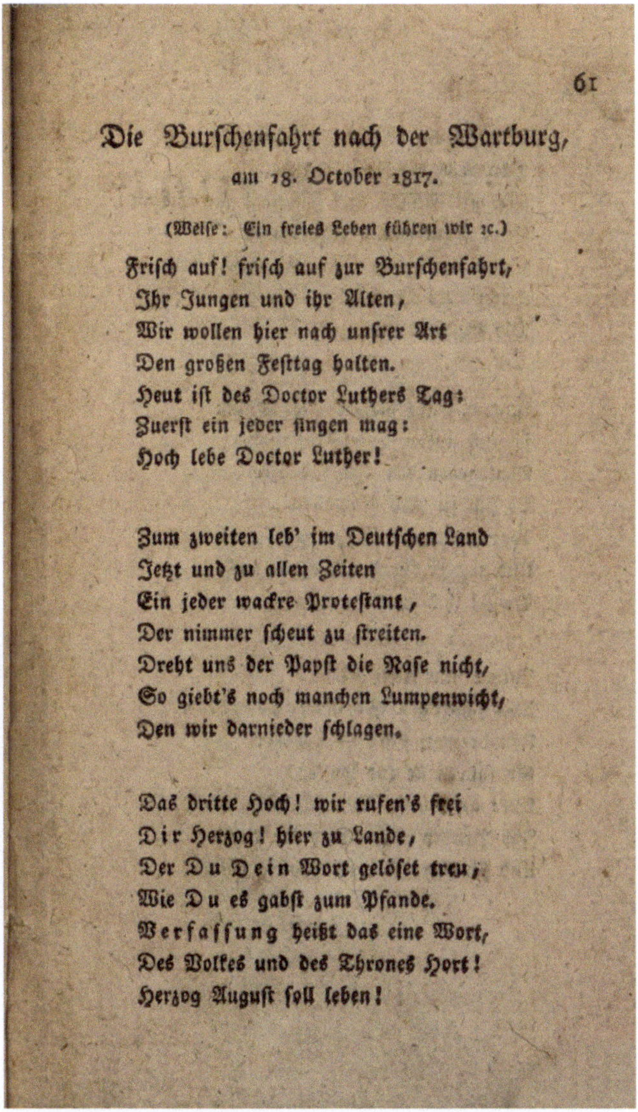

Die Burschenfahrt nach der Wartburg,

am 18. October 1817.

(Weise: Ein freies Leben führen wir 2c.)

Frisch auf! frisch auf zur Burschenfahrt,
Ihr Jungen und ihr Alten,
Wir wollen hier nach unsrer Art
Den großen Festtag halten.
Heut ist des Doctor Luthers Tag:
Zuerst ein jeder singen mag:
Hoch lebe Doctor Luther!

Zum zweiten leb' im Deutschen Land
Jetzt und zu allen Zeiten
Ein jeder wackre Protestant,
Der nimmer scheut zu streiten.
Dreht uns der Papst die Nase nicht,
So giebt's noch manchen Lumpenwicht,
Den wir darnieder schlagen.

Das dritte Hoch! wir rufen's frei
Dir Herzog! hier zu Lande,
Der Du Dein Wort gelöset treu,
Wie Du es gabst zum Pfande.
Verfassung heißt das eine Wort,
Des Volkes und des Thrones Hort!
Herzog August soll leben!

Abb. 31 Friedrich Förster „Die Burschenfahrt nach der
Wartburg", Strophen 1–3

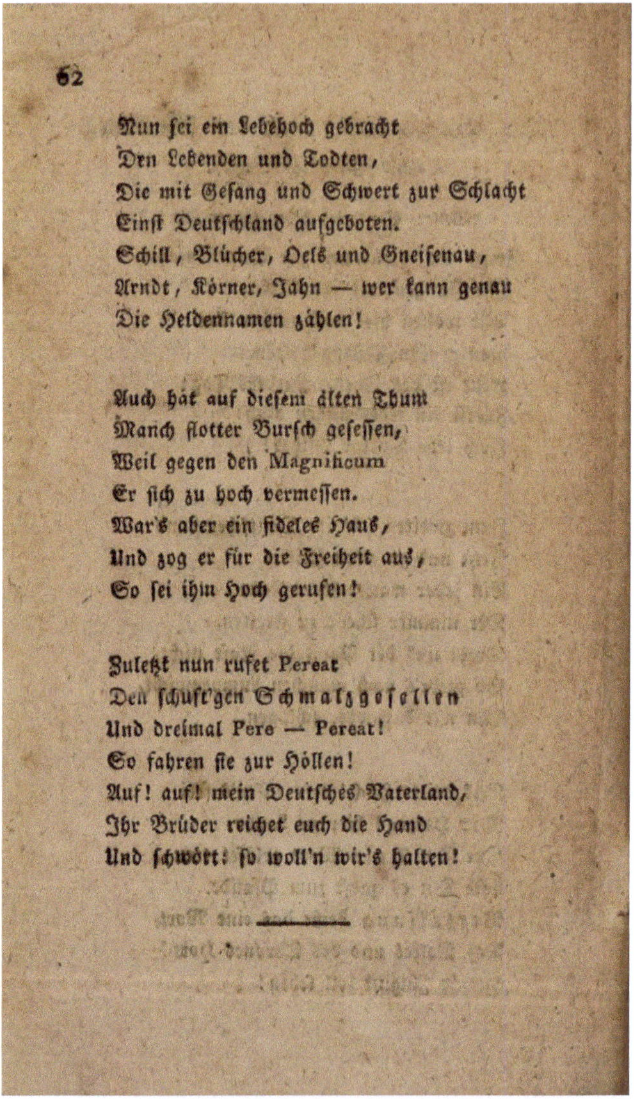

Nun sei ein Lebehoch gebracht
Den Lebenden und Todten,
Die mit Gesang und Schwert zur Schlacht
Einst Deutschland aufgeboten.
Schill, Blücher, Oels und Gneisenau,
Arndt, Körner, Jahn — wer kann genau
Die Heldennamen zählen!

Auch hat auf diesem alten Thurm
Manch flotter Bursch gesessen,
Weil gegen den Magnificum
Er sich zu hoch vermessen.
War's aber ein fideles Haus,
Und zog er für die Freiheit aus,
So sei ihm Hoch gerufen!

Zuletzt nun rufet Pereat
Den schuft'gen Schmalzgesellen
Und dreimal Pere — Pereat!
So fahren sie zur Höllen!
Auf! auf! mein Deutsches Vaterland,
Ihr Brüder reichet euch die Hand
Und schwört: so woll'n wir's halten!

Abb. 32 Friedrich Förster „Die Burschenfahrt nach der
Wartburg", Strophen 4–6

118

4. ANMERKUNGEN

[1] Ernst Moritz Arndt : *Ein Wort über die Feier der Leipziger Schlacht.* Frankfurt am Main 1814, bei P.W. Eichenberg.

[2] Vgl. und zit. n. Georg Kieser : *Das Wartburgfest am 18. October 1817.* In seiner Entstehung, Ausführung und Folgen. Nach Actenstücken und Augenzeugnissen von Dr. D. G. Kieser. Nebst einer Apologie der akademischen Freiheit und 15 Beilagen. Jena 1818, bei Friedrich Frommann. S. 25f.

[3] Ebda., S. 27.

[4] *Der Studentenfrieden auf der Wartburg.* In: Isis : Encyclopädische Zeitschrift von [Lorenz] Oken. Nr. XI u. XII, 195.Stück, Sp. 1553–1559, Jena 1817. Hier Sp.1555–1556.

[5] Kieser, 1818. S. 28.

[6] Ebda., S. 31.

[7] Ludwig Rödiger (1798–1866): Philologe. Burschenschaft Teutonia Heidelberg 1815, Jenaer Urburschenschaft 1817, Alte Erlanger Burschenschaft 1820.

[8] Kieser, 1818. S. 32ff.

[9] Ludwig Rödiger : *Ein deutsches Wort an Deutschland's Burschen gesprochen vor dem Feuer auf dem Wartenberg bei Eisenach am achtzehnten des Siegesmondes im Jahr 1817 dem dritten Jubeljahr der Geistesfreiheit.* Jena 1817. S. 11.

[10] Ebda., S. 14.

[11] Ebda., S. 18.

[12] Ebda., S. 20f.

[13] Ebda., S. 21.

[14] Ebda., S. 24.

[15] Ebda., S. 24f.

[16] Ebda., S. 25.

[17] Ebda., S. 27.

[18] Ebda., S. 28f.

[19] Ebda., S. 29.

[20] Kieser, 1818. S. 30f.

[21] Ebda., S. 34–38.

[22] Aus dem Lat. *actus fidei* : Glaubensakt; weit gebräuchlich in Portugal und Spanien zur Zeit der Inquisition: Glaubensgericht; bildungssprachlich übertragen heute: Bücherverbrennung.

[23] Kieser, 1818. S. 35.

[24] Anonym [Hans Ferdinand Maßmann] : *Kurze und wahrhaftige Beschreibung des großen Burschenfestes auf der Wartburg bei Eisenach am 18. und 19. des Siegesmonds 1817.* Nebst Reden und Liedern. Gedruckt in diesem Jahr. S. 28.

[25] Vgl.: Bergmann, Jahn, 2009. S. 406.

[26] *Selbstvertheidigung Maßmanns.* Staatsarchiv Weimar, A 8701, Bl. 13. Zit. n. Torsten Lüdtke : Turner, Burschen und Philister – Studentisches Leben in Berlin. S. 300, in: Heinz-Elmar Tenorth, Charles McClelland : Geschichte der Universität Unter den Linden: Band 1: Gründung und Blütezeit der Universität zu Berlin 1810–1918. Berlin 2012, Akademie Verlag GmbH. S. 269–324.

[27] Karl Hoffmeister (1796–1844): Deutscher Philologe, Literaturhistoriker und Pädagoge. Angehöriger der Burschenschaft Teutonia Heidelberg, 1815 und der Jenaer Urburschenschaft 1817.

[28] Karl Hoffmeister : *Beschreibung des Festes auf der Wartburg: ein Sendschreiben an die Gutgesinnten.* Gedruckt in Deutschland und für Deutsche. 1818. S. 34.

[29] Wie FN 4.

[30] Isis : encyclopädische Zeitschrift, vorzüglich für Naturgeschichte, vergleichende Anatomie u. Physiologie. 1817–1848. Digital zugänglich über Thüringer Universitäts- und Landesbibliothek (ThULB).

[31] Robert Keil : *Das October-Jubiläum auf der Wartburg* (= 50 Jahre Wartburgfest 18. Oktober 1867). In: Ernst Keil (Hg.) : Die Gartenlaube. Heft 30 und 31. Leipzig 1867. S. 473–475, 478 und 487–489. Hier S. 488.

[32] Zit. n. Peter Kaupp : *„Aller Welt zum erfreulichen Beispiel."* Das Wartburgfest von 1817 und seine Auswirkungen auf die demokratischen deutschen Verfassungen. Dieburg 2003. S.7f.
Friedrich Wilhelm Carové (1789–1852): Jurist, Schriftsteller und

Philosoph. Mitglied der Burschenschaft Teutonia Heidelberg 1816 und Mitglied der Alten Heidelberger Burschenschaft 1817.

[33] Ebda. S. 8.

[34] Ebda. S. 10. Auch bei Ernst Rudolf Huber : Deutsche Verfassungsgeschichte seit 1789. Bd. 1., 2. Aufl. Stuttgart 1967, S. 722 und Thomas Nipperday : Deutsche Geschichte 1800–1866. Bürgerwelt und starker Staat. 2. Aufl., München 1984, S. 102.

[35] Robert Wesselhöft (1796–1852): Mediziner. Einer der führenden Köpfe der Jenaer Urburschenschaft 1817.

[36] Es werden nur Passagen, die sich auf Liedtexte beziehen sowie die Grußformeln wiedergegeben. Kieser, 1818. S. 91ff.

[37] *Lieder von Deutschland's Burschen zu singen auf der Wartburg : am achtzehnten Oktober des Reformationjubeljahrs 1817.* Jena 1817.

[38] Kieser, 1818. S. 93–101.

[39] Joachim Bauer : Student und Nation im Spiegel des Landesvater-Liedes. S. 147f. In: Dieter Langewiesche, Georg Schmidt: Föderative Nation: Deutschlandkonzepte von der Reformation bis zum Ersten Weltkrieg. München 2000.

[40] Klaus Lemke-Paetznick : Kirche in revolutionärer Zeit: Die Staatskirche in Schleswig und Holstein 1789–1851. Berlin/Boston 2012, Walter de Gruyter. S. 420.

[41] Bauer, Student und Nation, 2000, S. 147f.

[42] [Maßmann], *Kurze und wahrhaftige Beschreibung*, 1817. S. 17. Sowie Kieser, 1818. S. 25.

[43] Christian Eduard Leopold Dürre (1796–1879) schloss sich im Alter von 16 Jahren dem Lützower Freikorps an und zählte während seines Theologiestudiums in Berlin und Jena von 1815–1818 zu den führenden Burschenschaftern. Er war Turner und Anhänger Jahns. Von 1820–1825 Lehrer in Frankfurt an der Oder; erhielt Anstellungsverbot für den preußischen Staatsdienst und wanderte nach Frankreich aus, wo er bis 1848 in Lyon als Professor Deutsch und Turnen unterrichtete. Ab 1851 lebte er in Weinheim, wo er pädagogische Schriften verfasste. Vgl.: Rebekka Horlacher, Daniel Tröhler (Hg.) : Sämtliche Briefe an Johann Heinrich Pestalozzi. Kritische

Ausgabe, Bd. 6, 1821–1827, Nachträge. Zürich, 2015, NZZ, De Gruyter Oldenbourg. S. 30f. Dürre war auch maßgeblich an dem von A. D. von Binzer innerhalb der Jenaer Urburschenschaft gegründeten, „Verein für Männergesang" beteiligt. Dürre dazu: *„Es war dieser Männergesangverein, wie ich fest glaube, der erste auf einer Universität eingerichtete."* In: Ernst Friedrich Dürre (Hg.) : Dr. Christian Eduard Leopold Dürre. Aufzeichnungen, Tagebücher und Briefe aus einem deutschen Turner- und Lehrerleben. Leipzig 1881. S. 205. Zit. n. Harald Lönnecker : Johannes Hohlfeld (1888–1950). Deutscher Sänger, Genealoge und Politiker. Koblenz 2000. S. 5.

[44] [Maßmann], *Kurze und wahrhaftige Beschreibung*, 1817. S. 11.

[45] Ebda. S. 19.

[46] Trotz eingehender Recherchen konnten bei den Liedern Nr. 9 und Nr. 10. weder der Autor/Komponist, noch die Melodie festgemacht werden. Der Autor ist dankbar für weiterführende Hinweise.

[47] Der Text stellt die dichterische Umsetzung des apokryphen Textes Jesus Sirach 50,22−24 aus Luthers Bibelübersetzung dar, daher auch Luther zugeschrieben.

[48] Komposition in starker Anlehnung an die Weise „Le reveil du peuple" von Pierre Gaveaux (1761–1825). Das Lied wurde zum Gründungsakt der Jenaer Urburschenschaft vertont, gesungen und in weiterer Folge zum zentralen und meistgesungenen burschenschaftlichen Lied, das schon von Zeitgenossen als „Zutreiber zur Burschenschaft" bezeichnet wurde.

[49] Georg Friedrich Hanitsch (1790–1865): Studierte in Jena Theologie und erhielt, weil er musikalisch sehr begabt und gebildet war, den Auftrag, Arndts Lied zu vertonen. Hanitsch gehörte der Jenaer Urburschenschaft 1815 an. Nach Abschluss seines Studiums wirkte er 50 Jahre lang in Eisenberg i. Thüringen als Lehrer und Kantor an der Bürgerschule. Er spielte in der Sängerbewegung, als eine der wesentlichen Säulen der deutschen Nationalbewegung, eine wichtige Rolle und blieb der Burschenschaft stets eng verbunden.

[50] Carl Friedrich Heiberg (1796–1872): Rechtsanwalt und Notar, Buch- und Musikalienhändler, Politiker. Alte Kieler Burschenschaft 1817.

[51] Johann Christoph Biernatzki (1795–1840): Pastor und Schriftsteller. Alte Kieler Burschenschaft 1816/1817, Jenaer Urburschenschaft 1818/19.

[52] Christoph Karl Julius Aschenfeldt (1792–1856, eig. Asschenfeldt: Evang. Theologe und Kirchenlieddichter. Verfasser von etwa 150 Liedern.

[53] „Des Jahres letzte Stunde" (1784): Text: Johann Heinrich Voß (1751–1826), Melodie: Johann Abraham Peter Schulz (1747–1800).

[54] Wilhelm Olshausen (1798–1835): Pädagoge, Autor und Schulleiter. Kieler Burschenschaft 1816/1817.

[55] „Setzt euch Brüder in die Runde" (Bruderbund) 1801: Verfasser: Christian Friedrich Strackerjan (1777–1848), Autor, Jurist, Historiker und Freimaurer. Text und Melodie in: „Melodien der besten Kommerslieder" von Wilhelm Schneider. Halle 1801, Nr. 8.

[56] August Daniel von Binzer (1793–1868): Dichter, Journalist. Burschenschaft Teutonia Kiel 1817, Jenaer Urburschenschaft 1818, 1819. Seine bekanntesten Lieder sind: „Stoßt an!" (1817) und „Wir hatten gebauet ein stattliches Haus" (1819).

[57] Wie FN 55.

[58] Ludwig Rödiger (1798–1866): Philologe. Burschenschaft Teutonia Heidelberg 1815, Jenaer Urburschenschaft 1817, Alte Erlanger Burschenschaft 1820.

[59] Erstveröffentlichung der Melodie in leicht differierender Fassung im Thesaurus Musicus (1744). Maßmann, 1817, S.63 beschreibt die Melodie, wie auch in vielen anderen später folgenden Liedersammlungen mit der Weise „Heil dir im Siegerkranz".

[60] Joseph Gerhard Zuccarini (1797–1848): Botaniker. Renonce Landsmannschaft Erlangen, Burschenschaft Teutonia Erlangen 1817, Burschenschaft Arminia Erlangen 1818, d.i. „Allgemeine Burschenschaft Erlangen" (1817) – heute: Burschenschaft der Bubenreuther Erlangen.

[61] Johann Wolfgang von Goethe (1749–1832) : *Allgemeines Volkslied am 18. und 19. Oktober. Von Göthe.* Regensburg 1814. Zu haben bey Heinrich Augustin. Später auch mit Bearbeitungen als „Am Jahrestage der Schlacht bei Leipzig" (1840) oder „Kriegsgesang für den 18. October" (1846) in verschiedene Liedersammlungen aufgenommen.

[62] „Was flimmert dort blendend, wie Nebellicht": Erstmals (Strophe 1–3 und 6) in: Berlinische Nachrichten. Nr. 126 (20.10.1814) als *„Schlachtfeier, gesungen um Mitternacht an den Dankfeuern in der Hasenheide bei Berlin" von E. F. A.,* d.i. Ernst Ferdinand August (1795–1870), Turner. Sodann in: *Des Teutschen Volkes feuriger Dank- und Ehrentempel oder Beschreibung wie das aus zwanzigjähriger französischer Sklaverei durch Fürsten-Eintracht und Volkskraft gerettet Teutsche Volk die Tage der entscheidenden Völker- und Rettungsschlacht bei Leipzig am 16. und 19. Oktober 1814 zum ersten male gefeiert hat. Gesammelt und herausgegeben von Karl Hoffmann zu Rödelheim. Offenbach, gedruckt mit Brede'schen Schriften.* 1815. S. 688–689.

[63] Nach Text und Melodie: „Auf, auf ihr Brüder, und seyd stark" (1787) von Christian Friedrich Daniel Schubart (1739–1791).

[64] Ernst Moritz Arndt : „Teutscher Trost" in: *Lieder für Teutsche im Jahr der Freiheit 1813.* Leipzig 1813.

[65] Friedrich Wilhelm Berner (1780–1827): Kirchenmusiker und Kirchenliedkomponist, ausgezeichneter Organist, Klavierspieler und Lehrer in Breslau. Vgl. auch die Komposition von Albert Methfessel (1785–1869) in: „Allgemeines Commers- und Liederbuch". Rudolstadt 1818.

[66] Ebda., S. 12.

[67] Ebda., S. 21.

[68] Ebda., S. 28f. So auch bei Hoffmeister, *Beschreibung,* 1818. S. 38.

[69] Robert und Richard Keil : *Die burschenschaftlichen Wartburgfeste von 1817 und 1867.* Erinnerungsblätter von Robert und Richard Keil, mit Originalbeiträgen von Hofmann, Riemann und Zober und

dem Facsimile der Präsenzliste von 1817. Jena 1869, Mauke's Verlag (Hermann Dufft). S. 14.

[70] Dr. Friedrich Förster: *Die Burschenfahrt nach der Wartburg. Am 18. October 1817.* Berlin [1817], 3 Bl. Zit. n. Herbert Jacob (Hg.) : Grundriss zur Geschichte der Deutschen Dichtung aus den Quellen von Karl Goedeke. Zweite, ganz neu bearbeitete Auflage, Band XIV, Achtes Buch: Vom Frieden 1815 bis zur französischen Revolution 1830: Dichtung der allgemeinen Bildung. Abt. VII. Berlin 2011, Akademie Verlag. S. 179.

[71] Friedrich Christoph Förster (1791–1868): Historiker, Schriftsteller und Dichter. Corps Franconia Würzburg 1808 und Saxonia Jena 1809. Förster trat gemeinsam mit Theodor Körner im März 1813 in das Freikorps ein. Nach den Befreiungskriegen ließ er sich in Berlin nieder und stand dort über Jahrzehnte im Mittelpunkt bedeutender literarischer und gesellschaftlicher Kreise.

[72] Karl Follen (1796–1840): Gelehrter, Schriftsteller und radikaler Demokrat des Vormärz. Gründer der Teutschen Lesegesellschaft zur Errichtung vaterländischer Zwecke unter dem Einfluss Arndts 1814. Germania Gießen 1815. Beteiligte sich auch an der Gründung von Jahns „Christlich-Teutscher Burschenschaft", deren „Ehrenspiegel" er entwarf. Mitglied der „Gießener Schwarzen", gehörte zum Kreis der „Unbedingten".

[73] [Maßmann], *Kurze und wahrhaftige Beschreibung,* 1817. S. 63.

[74] „Wartburgfestlieder 1817". [Online] Thüringer Universitäts- und Landesbibliothek Jena (ThULB).

[75] „Trinklied für Freye" („Mit Eichenlaub den Hut bekränzt"): 1775 von Johann Heinrich Voß (1751–1826), Melodie 1776 von Carl Phillip Emanuel Bach (1714–1788).

[76] Rudolf oder Rudolph Brandes (1795–1842): Apotheker in Salzuflen, Dr.med., Dr.phil. und Dr. der Pharmazie, Teilnehmer des Wartburgfestes. *Meinen deutschen Brüdern zur Erinnerung an die dreihundertjährige Jubelfeier der Reformation auf der Wart(Luthers)burg zu Eisenach, von Rudolf Brandes der Pharmazie und Chemie Candidaten. (Ein veste Burg ist unser Gott.).* In :

Wartburgfestlieder 1817. [Online] Thüringer Universitäts- und Landesbibliothek Jena (ThULB).

[77] Hoffmeister, *Beschreibung*,1818. S. 7.
[78] Ebda. S. 19.

***

V. ARNDT IN BONN

Der Wiener Kongress (1815) brachte nicht die erhofften Frei-
heiten und ein einiges Deutschland sondern die Restauration.
Den Repressionen deutscher Fürsten widersetzten sich die
Burschenschaften vehement. Die Antwort der Obrigkeit waren
1819 die Karlsbader Beschlüsse. Der Mord Ernst Ludwig
Sands (1785–1820) an August von Kotzebue (1761–1819) in
Mannheim lieferte den Auslöser, durchgesetzt wurden sie
aufgrund der antijüdischen „Hep-Hep-Unruhen"[1], die von
Würzburg ausgingen. Die Demagogenverfolgung setzte ein.

**

Abb. 33 Arndts Wohnhaus um 1820, Ansicht von Nordwesten mit
den Weingärten, im Hintergrund das Siebengebirge.

1. DEMAGOGENVERFOLGUNG

Auch Arndt, der im August 1818 auf Empfehlung der Freiherren von Hardenberg und vom Stein ordentlicher Professor für Neuere Geschichte an der neu gegründeten Universität zu Bonn wurde, war durch kritische Äußerungen über die restaurative Entwicklung in Preußen, aber auch seinem vierten Teil von *Geist der Zeit*[2] das Ziel von Hausdurchsuchungen, Beschlagnahmungen und monatelangen Verhören. Er erhielt Lehrverbot und wurde schließlich 1820 vom Lehramt an der Bonner Universität suspendiert, da er nachdrücklich die deutsche Einheit und eine Verfassung eingefordert hatte. Eine Schilderung des gegen ihn geführten Verfahrens und seine Rechtfertigung gegen die Anklage revolutionärer Bestrebungen verfasste er mit *Notgedrungener Bericht aus meinem Leben, aus und mit Urkunden der demagogischen und antidemagogischen Umtriebe* (Leipzig 1847, 2 Bde.)[3]. Es endete ohne Ergebnis. Unter Weiterbezug seines Gehaltes wurde ihm die Erlaubnis entzogen, an der Universität Vorlesungen zu halten. Schließlich legte er das Amt vollständig nieder.

Die Fürsprache des Freiherrn vom Stein ermöglichte ihm es, in Bonn zu bleiben. Auch dort blieb er seinem Tatendrang treu und wirkte mit zahlreichen Aktivitäten im Bonner Leben. Bis ins hohe Alter engagierte er sich im Turnverein und in der Bonner Lese- und Erholungsgesellschaft[4], stets im Mittelpunkt des Geschehens. Zu seinem Umfeld gehörten vor allem Universitätskollegen wie Bartold Georg Niebuhr (1776–1831)[5], später Friedrich Christoph Dahlmann (1785-1860)[6] und auch der Gräfin Dohna (1788–1827)[7] war er verbunden. Arndt bestritt einen Teil seines Lebensunterhalts mit seinen Publikationen und als Privatgelehrter.

Unter dem auf ihm lastenden Druck schwieg er für eine Weile fast vollständig und publizierte in den Jahren 1820–1840 kaum etwas. Der Verlust seines Sohnes Willibald, der 1834 im Rhein ertrank, und der Tod vieler seiner ehemaligen Weggefährten, setzten ihm nach 1830 zu. Statt der Wissenschaft traten nun Naturverbundenheit, Gartenarbeit und ausgiebige Spaziergänge in die geliebte Rheinlandschaft und er badete noch im hohen Alter bei kühlem Wetter im Rhein.

In das Jahr 1840 fiel Arndts Rehabilitierung[8] durch Friedrich Wilhelm IV. (1795–1861). In einem Brief an den evangelischen Theologen Friedrich Lücke (1791–1855) vom 7. August 1840 schreibt Arndt:

«[...] *Was mir eben widerfahren, ist so ein Schein der Abendsonne, wann sie zu Thal geht und noch an dem schneebedeckten Haupte eines alten Berges leuchtet.*
Von einem liebenswürdigsten geistreichen Könige beachtet sein ist Freude; [...] *und weil es ein hohes Gefühl ist, daß der Sinn für Gerechtigkeit und Gesetzlichkeit im Volke lebt.* [...]»[9]

*

1841 wurde er Rektor der Friedrich-Wilhelms-Universität und beendete dort 1854 seine Lehrtätigkeit.

1848 resümierte Arndt die Demagogenverfolgung als die «*jämmerlichste Jagd von Polizei und Späherei über die*

deutschen Lande.»[10] Die Verfolgung, polizeiliche Über-
wachung und der ständige Rechtfertigungsdruck gingen aber
auch an ihm nicht spurlos vorüber, und er war vorsichtiger
geworden, denn die Umstände hatten ihn schmerzlich gelehrt,
vorsichtiger als früher nach Freiheit zu rufen, vor Ausartungen
zu warnen und auch Ausdrücke zu vermeiden, die mit dem
Jakobinertum in Verbindung gebracht werden könnten. Dies
zeigt auch der *Nothgedrungene Bericht aus seinem Leben*
(1847), in dem Arndt auch noch sieben Jahre nach Ende seiner moralischen Verbannung Rechtfertigung suchte:

«*Wer politisch wird, nimmt eine bestimmte Richtung wie der
Falke, der auf den Raub schießt, und bindet sich irdisch an
die Erde fest, um so unseliger, je weniger ihn das Leben noch
bindet.* [...] *Alle politischen Erziehungen taugen nichts und
machen halbe Barbaren.*»[11]

*

131

Abb. 34 Revolution 1848. Wilhelm Scholz (Karikaturist) (1824–
1893), Öl auf Holz, 1848, H: 18,4 cm; B: 25 cm. Alte Nationalgalerie, Staatliche Museen zu Berlin, Ident. Nr. A III 302.

2. Abgeordneter 1848

Den Vormärz der Jahre von der Julirevolution 1830 bis zur Revolution von 1848 prägte das Aufkommen von Nationalismus, Liberalismus und Sozialismus und eine gegen sie gerichtete restaurative Politik der Verfolgung und Unterdrückung. Kunst-, Literatur- und Kulturgeschichte nennen es das Biedermeier. Wirtschaftlich schritt die einsetzende Industrialisierung voran.

Mit Unruhe verfolgte Arndt die revolutionären Bewegungen von 1848. Er sah in der Revolution eine Gefahr, wenn mit einem Strom überhasteten Vorwärtsdrängens der sozialen und nationalen Entwicklung auch die gesunden Pfeiler deutscher Tradition fortgerissen werden könnten, zu denen er den preußischen Geist der Pflicht und den Dienst an Volk und Vaterland zählte.[12] Dennoch erhoffte er Einheit und Freiheit für Deutschland. Fünf deutsche Wahlkreise, darunter auch der Stralsunder, wollten ihn in die Nationalversammlung entsenden. Für den Solinger Wahlkreis zog er schließlich in das Frankfurter Parlament ein. Er wirkte fraktionslos[13], politisch national-liberal verortet, als Bewahrer stärkender Traditionen und als warnende Stimme vor republikanischen Programmen. Proletarisierung und Industrialisierung blieben ihm fremd.

«Meine Herren, man spricht von Republiken, man träumt von Republiken, man träumt von einer großen deutschen Republik. Ich bin ein Republikaner, ich glaube, ich bin es in Art, Sinn, Sitten und Gewohnheiten meines Lebens mehr als die meisten Jetztlebenden, ich halte der Jugend die meistens

*auf dieser linken Seite steht, gebührliche Rechnung; aber die
tabula rasa, die man machen mögte, die große deutsche
Republik, wovon man träumt, ich halte sie für keine deutsche
Möglichkeit, nur durch entsetzliches Unglück und namenlosen
Jammer erreichlich, und doch nimmer für ein Glück, auf
keinen Fall für ein bleibendes Glück: denn sie würde nicht
bestehen.»* [14]

*

Der parlamentarischen Demokratie gegenüber blieb Arndt
distanziert. Nach seiner Vorstellung sollte ein bundes-
staatliches Deutschland, unter preußischer Führung und einem
von Volk und Adel bestimmten Kaiser, gemeinsam eine
Regierung aus einem Oberhaus der Fürsten und einem vom
Volk gewählten Parlament bilden. Solche Überlegungen entsprangen sicher nicht mehr dem bestimmten Nationalismus
seiner frühen Jahre. Seine Vorstellungen besaßen aber, wie die
Reichsgründung 1871 zeigen sollte, am ehesten Möglichkeiten
einer Verwirklichung. Wenn man so will könnte man im
Bismarckschen Reich die Erfüllung *seines* lebenslangen, am
Ende aber geschrumpften nationalen Traums sehen. [15]

Als Teilnehmer der „Kaiserdeputation" des Frankfurter
Parlaments, die Friedrich Wilhelm IV. die deutsche Kaiser-
krone anbot, zog er sich 1849 enttäuscht zurück, als der
preußische König ablehnte. Gemeinsam mit 65 Männern des
Centrum, darunter Gagern und Dahlmann, trat Arndt am
20. Mai 1849 aus der Frankfurter Nationalversammlung aus

und konstatierte in einem Brief an Karl von Kathen[16] am
23. Mai 1849:

*«Übrigens sollt ihr nicht glauben, daß ich an der Zeit und
dem Vaterlande verzweifle, obgleich ich viele dumme und
auch wilde Streiche sowohl von oben als auch von unten
vorhersehe. Es wird sich durch eine innere Notwendigkeit
alles doch zuletzt durcharbeiten.»*[17]

*

Mit optimistischem Blick auf die Ziele der 1848er und in einer
langfristigen Betrachtung sollte Arndt letztlich Recht behalten.[18] Er schloss das *„Verjüngte Deutschland"* mit den Worten:

*«Nur wer das ora et labora, das bete und arbeite recht gelernt
und erkannt hat, wird der rechte Bürger seyn, der die wahre
Bürgerfreiheit und Bürgerehre, ich meine unser politisches
Glück, würdig fördern kann.»*[19]

*

Albert Knapp (1798–1864)[20], der ihn einmal in Bonn besuchte,
schrieb über ihn:

*«Dieser alte christliche Maccabäer, voll freundlicher,
harmloser Liebe und von Leben übersprudelnd, kann
seine Ritterzeit von 1805–1815 nicht vergessen und sein
neutestamentliches Hosianna ist stets noch vom
Schlachttrompeten des Sieges bei Leipzig durchdrungen.»*[21]

*

Abb. 35 Michel kehrt aus!
Karikatur, L. Blau & Co.,
Kreidelithografie, 1848,
H: 29,4 cm; B: 23 cm.
Historisches Museum
Frankfurt, Inv. C14450.

Abb. 36 Modell der
Frankfurter Paulskirche (1:50).
Um 1914, Nadelholz, Sperrholz,
Karton, Kunststoff, gefasst,
H: 63 cm. Historisches Museum
Frankfurt, Inv.-Nr.: X.1974.005.

3. Anmerkung

[1] Richard Hemmer und Daniel Meßner : Die Hep-Hep-Unruhen von 1819. [Online.]

[2] Ernst Moritz Arndt : *Geist der Zeit.* Vierther Teil. Berlin 1818, bei G. Reimer.

[3] Ernst Moritz Arndt : *Notgedrungener Bericht aus seinem Leben und aus und mit Urkunden der demagogischen und antidemagogischen Umtriebe.* Leipzig 1847, Weidmannsche Buchhandlung.

[4] Die *Lese- und Erholungs-Gesellschaft* wurde 1758 gegründet und erfuhr besonders durch die Gründung der Universität Bonn 1818 an Aufschwung und Bedeutung. Dieser gehörten Studenten, Professoren, aber auch berühmte Persönlichkeiten wie Arndt, Niebuhr oder Friedrich Schlegel an. Sie entwickelte sich bis zum Ende des 19. Jh. zum kulturellen Zentrum Bonns.

[5] Bartold Georg Niebuhr (1776–1831): Althistoriker, Mitbegründer der philologisch-kritischen Geschichtswissenschaft, preußischer Gesandter am Heiligen Stuhl (1816–1823) und ab 1825 Professor an der Universität Bonn.

[6] Friedrich Christoph Dahlmann (1785-1860): Historiker, Politiker. Bekannt als einer der „Göttinger Sieben"; gehörte der Frankfurter Nationalversammlung von 1848/1849 an. Als Mitglied im Verfassungsausschuss war er auch Mitverfasser der Reichsverfassung von 1849.

[7] Gräfin Dohna d.i. Julie von Scharnhorst (1788–1827), Tochter des Generalleutnants Gerhard von Scharnhorst. Sie heiratete 1809 den preußischen Generalfeldmarschall Friedrich Karl Emil zu Dohna-Schlobitten (1784–1859).

[8] Vgl. Björn Thomann : Ernst Moritz Arndt. Schriftsteller und Revolutionär. [Online]

[9] Zit. in Alf Christophersen : Friedrich Lücke (1791–1855): Teil 1: Neutestamentliche Hermeneutik und Exegese im Zusammenhang mit seinem Leben und Werk. Teil 2: Dokumente und Briefe. Berlin 2015, Walter de Gruyter. Hier: Teil 1. S. 167. (=Bayer, O. u.a. (Hg.) :

Theologische Bibliothek Töpelmann. Bd. 94/1. Berlin, New York 1999, Walter de Gruyter.)

[10] Ernst Moritz Arndt : *Das verjüngte, oder vielmehr das zu verjüngende Deutschland, ein Büchlein für den lieben Bürgers- und Bauers-Mann.* Bonn 1848, bei Adolph Marcus. S. 21f.

[11] Arndt : *Nothgedrungener Bericht,* 1847. S. 200. Ders. : *Fragmente über Menschenbildung,* 1805. Hier 2. Teil. S. 201. Ders. : *Erinnerungen,* 1840. S. 335.

[12] Vgl.: Stefan Jacob : Ernst Moritz Arndts Stellung zur Revolution von 1848 im Lichte seiner früheren Schriften. Zuerst veröffentlicht 1990. [Online.]

[13] Ernst Moritz Arndt (1769–1860): Abgeordneter des Frankfurter Parlaments von 18. Mai 1848 bis 20. Mai 1849 für den 28. Wahlkreis Rheinland in Solingen, fraktionslos, stimmte mit dem Zentrum (Augsburger Hof, Casino, Landsberg, Pariser Hof, Württemberger Hof). Vgl.: Die Abgeordneten der Frankfurter Nationalversammlung 1848/1849. [Online, BIORAB-FRANKFURT.]

[14] Ernst Moritz Arndt : *Reden und Glossen.* Leipzig 1848, Weidmannsche Buchhandlung. S. 9.

[15] Vgl. Jacob, wie FN 212. [Online]

[16] Karl von Kathen: Sohn der Charlotte von Kathen (1777–1850), studierte 1819/1820 in Bonn das Forstfach. 1838 wurde er Landrat, später Geheimer Regierungsrat in Stralsund. Mit seiner Mutter war Arndt war mehr als fünfzig Jahre eng befreundet. Mehrere hundert Briefe sind erhalten. Vgl.: Fünf Briefe Ernst Moritz Arndts. Mitgetheilt von Luise von Benda. In: Anton Bettelheim (Hg.) : Biographische Blätter. Jahrbuch für lebensgeschichtliche Kunst und Forschung. Unter ständiger Mitwirkung von Michael Bernays u.a. Berlin 1895, E. Hofmann & Co. S. 448–452.

[17] Zit. Brief an Karl von Kathen, Frankfurt, 23. Mai 1849. In: Heinrich Meisner, Robert Geerds : Ernst Moritz Arndt. Ein Lebensbild in Briefen. Nach ungedruckten und gedruckten Originalen. Berlin 1898, Verlag von Georg Reimer. S. 506.

[18] Vgl.: Scheitern eines Traumes. [Bundeszentrale für politische Bildung, Online.] Und: Jacob, wie FN 212 [Online].

[19] Arndt, *Das verjüngte Deutschland.* S. 58f.

[20] Albert Knapp (1798–1864): Pfarrer und Dichter, Begründer des ersten Tierschutzvereins in Deutschland. Burschenschaft Arminia Tübingen 1816.

[21] Zit. in Koch, 1872. S. 144.

***

VI. GEISTLICHE LIEDER, „NANNI ARNDT", MÄHRCHEN UND JUGENDERINNERUNGEN

**

Von dem

Wort und dem Kirchenliede

nebst

geistlichen Liedern.

———

Von

E. M. Arndt.

Bonn, 1819.
Bei Eduard Weber.

Abb. 37 Von dem Wort und dem Kirchenliede

1. Von dem Wort und dem Kirchenliede

Arndts fromme Mutter, Friederike, die er selbst „eine gewaltige Bibelleserin" nannte, lehrte ihn aus Bibel und Gesangbuch und Ernst Moritz war von Kind an in Luthers Liedern, die ihm später als Muster dienen sollten, bewandert. Er übte sich seit seiner Kindheit in der Lesung der Luther-Bibel und war von einer tief ernsten, zugleich fröhlichen und innigen Glaubenszuversicht geleitet und stellte fest:

«Ein evangelischer Christ, der Lieder singen will, hat in seines Martin Luthers Bibel und Liedern die rechten starken und einfältigen Muster.»[1]

*

Arndt war ein frommer deutscher Mann und christlicher Patriot, der mit gleicher Liebe dem himmlischen wie dem irdischen Vaterland zugeneigt war. Er gefiel sich nicht in Verachtung des Christentums.[2]

Mit seiner programmatischen Schrift *Von dem Wort und dem Kirchenliede* (Bonn 1819)[3] suchte er mit seiner großen Sprachgewalt neue Wege zu öffnen. Seine Schrift, die große Wirkung auf dem Weg zu einem deutschen Einheitsgesangbuch bekommen sollte und die zu den wichtigsten programmatischen Schriften der Kirchenliedrestauration gezählt wird, warb dafür, reformatorische Lieder und Lieder der Barockzeit von den Verfälschungen aus der Zeit des Pietismus und der Aufklärung zu reinigen, um sie in ihrer ursprünglichen Kraft wieder zu entfalten. In diesem Sinne war Arndt der erste, der auf hymnologische Fehlentwicklungen in der deutschen Aufklärung aufmerksam machte und eine Epoche der Besinnung auf den Wert der alten Kirchenlieder und eine Erneuerung des Gesangbuches einleitete.[4] Er sah die Exponierung des Kirchenliedanliegens als nationale Aufgabe.[5] Erstaunlich sind die widersprüchlichen, den teils noch älteren Denkweisen verpflichteten Ausführungen zum Liedschaffen nach 1750. Einerseits sei, so Arndt, das meiste von den «*kümmerliche*[n] *und geistlose*[n] *Lieder*[*n*]»[6] dieser Zeit zu tilgen, andererseits werden einschlägige Autoren in die Tradition des reformatorischen Liedschaffens gestellt:

«*Luther ist der Vater des evangelischen Kirchenliedes oder geistlichen Liedes bei dem teutschen Volke, ja nicht allein bei den Teutschen sondern selbst bei den Fremden, die das protestantische Bekenntnis angenommen haben, und von ihm abwärts bis auf Gellert Klopstock Lavater und Novalis ist dieser fromme Klang in der evangelischen Kirche nie verstummt".*»[7]

*

Bemerkenswert ist auch seine Forderung nach einem einheitlichen «*christlichen teutschen Gesangbuch*»[8], ohne Unterschied zum Glaubensbekenntnis:

«*Was Katholiken, Lutheraner Zwinglianer Kalvinisten Methodisten Böhmianer und Zinzendorfianer und wie die verschiedenen Namen lauten mögen, die doch alle in dem Einen Namen Jesus Christus selig zu werden hoffen, in einem Sinn worin alle Eins sind, Gottseliges und Christliches gesungen und geklungen haben, das sollte dieses christliche Gesangbuch enthalten und allen Christen zur Erquickung und Erbauung übergeben.»*[9]

*

Das Gedicht „Der Fels des Heils"[10], das sich aus 2.Timotheus 1,12 speist, erschien erstmals in *Vom Wort und dem Kirchenliede*, als Arndt zu einer Professur für Geschichte an die neu gegründete preußische Universität nach Bonn berufen worden war. Kurz darauf wurde er dort zum Presbyter der kleinen evangelischen Diaspora-Gemeinde gewählt, wo er bis zu seinem Lebensende wirken sollte. Noch zu seinen Lebzeiten wurde das Gedicht in Gesangbücher aufgenommen. – Als „Ich weiß, woran ich glaube", nach einer Melodie von Heinrich Schütz aus dem Jahr 1628, fand es Eingang in das Evangelische Gesangbuch (EG 357)[11].

Schon im schwedischen Exil hatte sich Arndt verstärkt in die reformatorische Theologie Luthers eingearbeitet. Was ihn dabei begeisterte und nicht mehr losließ, war Luthers Zutrauen zur unumstößlichen Kraft des Wortes, das tut, was es sagt. Dies wird in der zweiten Strophe des „Arndtschen Glaubenslieds" deutlich:

«Ich weiß, was ewig dauert, ich weiß, was nimmer lässt;
mit Diamanten mauert mirs Gott im Herzen fest.
Die Steine sind die Worte, die Worte hell und rein,
wodurch die schwächsten Orte gar feste können sein.»

*

Das Bild des mit Edelsteinen befestigten Herzens erinnert an die Mauer Jerusalems aus Offenbarung 21,19ff. Arndt knüpft hier an antike Traditionen an, die in dem härtesten und klarsten Edelstein ein Sinnbild von Reinheit und Unzerstörbarkeit sah. Die christliche Antike bezog den Diamanten auf die Standhaftigkeit im Glauben oder auf Christus.[12]

Abb. 38 Anna Maria „Nanni" Arndt,
geb. Schleiermacher (1786–1869)

2. Nanni Arndt

Arndts Erwartungen auf eine Vereinigung von katholischer Autorität und evangelischer Freiheit in Hinwendung zu einem verinnerlichten Christentum erfüllten sich jedoch nicht. Er überwand mit *Vom Wort und dem Kirchenliede* und in der Verbindung zum führenden evangelischen Theologen Friedrich Daniel Ernst Schleiermacher (1768–1834)[13] der das Christentum mit einer selbstbewussten national-deutschen Kultur der Romantik verband, die Werke Platons ins Deutsche übersetzte und Begründer der modernen Hermeneutik ist – ein Scheitern.

Der ein Jahr ältere, in Breslau geborene Schleiermacher, dessen Wissenschaftsauffassung als Universalgelehrter in die 1809 neu gegründete Berliner Reformuniversität einfloss, war auch Arndts Schwager. Als Pfarrer traute er in der Berliner Dreifaltigkeitskirche am 18. September 1817 den 47-jährigen Arndt mit seiner jüngeren Halbschwester Anna Maria Louise „Nanni" Schleiermacher (1786–1869). Aus ihrer Verbindung gingen sieben Kinder hervor. Nanni sah den Mann, den ihr das Leben bestimmt hatte, im Frühjahr 1810 zum ersten Mal und lernte ihn als „Sprachlehrer Allmann aus Schweden" in Berlin kennen. Arndt fand zu dieser Zeit freundliche Aufnahme und verschwiegenes Asyl im Haus des Verlegers Georg Reimer, wo er mit freisinnigen Männern der Hauptstadt verkehrte. Dort gewann er sich Schleiermacher, dessen Frau und Schwester zu Freunden.[14]

Hermann Grieben beschreibt Nanni Arndt in den persönlichen Erinnerungen an *Vater Arndt's Witwe* (1871):

«Wahrlich, sie war ein deutsches Weib in der edelsten Fülle des Wortes, einem Mann wie Arndt vollkommen ebenbürtig und seiner würdig; sanft, still und bescheiden, wenn er wider die Feinde zürnte, und hinwiederum, wenn er schier verzagte, muthig, stark und widerstandsfähig gegen alles Leid und Wehe des Lebens.»[15]

*

3. Mährchen und Jugenderinnerungen

Die Dichtungen Ernst Moritz Arndts umfassen einen Zeitraum von 72 Jahren. Als 18-jähriger Jüngling hat er 1787 sein erstes und als 90-jähriger Greis 1859 sein letztes Lied gesungen. Er dichtete fortwährend. Als der romantische Zeitgeist begann, Volksmärchen und Volkslieder zu sammeln und niederzuschreiben, sandte auch Arndt 1810 Beiträge für „Des Knaben Wunderhorn" ein. Nach der Unrast der Kriegsjahre, führten ihn Heimweh nach Rügen und Pommern und seine Heimatliebe wieder zurück in seine Kinderzeit. Eine Welt voll Zauber, Magie und Phantasie, die seine Mutter besonders bei ihm zu entfachen wusste.

«Da musste ich denn, damit ich meinen Kummer und Verdruß tröstete, versuchen, ob ich mir die Welt und ihre Dinge noch in das leichte Spiel verwandeln könnte, was sie sind und billig immer seyn sollten : und so habe ich diese leichten Träume und Kinderspiele der Jugend zusammengelesen, die theils auf dem Papiere, theils in dem Kopfe lange fertig lagen.»[16]

*

Schon als Kind hatte er eine besondere Freude für Märchen und Geschichten, die seine Mutter mit großer Anmut vortrug[17]. Es wurde erzählt, gespielt und weiter gewoben. Über seine Mutter schrieb er 1811:

«Ich sah, es war die Mutter mein. Der beste Schatz, den mir im Leben, der liebe, fromme Gott gegeben.»[18]

*

«Ich hatte mir», schrieb Arndt weiter, *«einen fabelhaften Goldadler, den ich mit Mandeln und Rosinen und Feigen und Pomeranzen fütterte, vor einen lustigen Wagen gespannt, und er hat mich zu Magnetinseln und in Diamantgruben, in Höhlen von Riesen und Zauberern und in die goldenen Paläste der Unterirdischen, ja durch die Mongolenwüste Kobi bis unter die gefährlichen Flügel des Vogels Rock getragen.»*[19]

*

Er sah sich in seinen Jugendtagen als *«unglücklicher Kicherer und Lachenausberster»*, der sich vor sich selbst in Acht nehmen müsse.[20] Viele Geschichten und heimatliches Sagengut hörte er bei den Knechten des väterlichen Gutshofes. Er nennt den Knecht Balzer Tievs und die Knechte „Papier" und „Studier". Besonders aber Hinrich Vierk, der durch seine Spukgeschichten in lebendiger Erinnerung blieb. Arndt nennt aus seinen frühen Kindheit einen Hauptmann von Wotke, der häufig zu Besuch kam; und wenn er den Vater nicht zu Hause traf, dann nahm der freundliche Alte ihn und seinen Bruder Karl auf die Knie und erzählte ihnen Kriegs- und Mordgeschichten und andere wundersame Abenteuer, worauf sie mit unbeschreiblicher Lust horchten.[21]

1817 begann er den ersten Teil der *Mährchen und Jugend-erinnerungen*, die auf der mündlichen Volkserzähltradition der einfachen Leute Rügens und Vorpommerns fußten[22], niederzuschreiben und mischte auch manche eigene Dichtung darunter. Schon die Brüder Grimm, welche auf dem Gebiet des Märchens die volksliterarische Linie eröffnet hatten, nahmen durchaus anerkennende Kenntnis von der Arndt-schen Sammlung.[23] Jedoch gilt es zu differenzieren, da Arndt unter „Märchen" alle Geschichten mit übernatürlichem Ein-schlag verstand, wenngleich diese im Kern weniger Märchen, denn altes, unverfälscht überliefertes Sagengut aus Rügen und Vorpommern waren.[24]

Arndts „Mährchen" weisen, bis auf einige spezielle Nacherzäh-lungen, mehr die Qualitäten von Sagen auf. Ihnen allen wohnt gemeinsam das Narrativ einer frommen und gottesfürchtigen Lebensweise inne.[25] Prägnant wird dies beispielsweise im „Rat-tenkönig Birlibi"[26] ausgedrückt, der Szenen der infernalen Walpurgisnacht zeichnet und an dessen Ende der Bauer Hans – der anfangs der Versuchung nach Gold nicht widerstehen konnte und dem Rattenkönig in die Fänge geriet – durch ein gottesfürchtiges, geläutertes Leben in Armut dem Birlibi wie-der von der Schippe sprang und sein Seelenheil wiederfand:

«Wen der Teufel erst an einem Faden hat,
den führt er auch wohl bald am Strick.»[27]

*

Abb. 39 Mährchen und Jugenderinnerungen,
1818, Buchdeckel. Gezeichnet und radiert von
Wilhelm Hensel (1794–1861).

Bemerkenswert ist, dass es sich bei den *Mährchen und Jugenderinnerungen* überwiegend um Nacherzählungen aus dem heidnischen Volksglauben handelt, die um christlichen Gehalt aufgeladen werden.[28] Charakteristisch ist das Einbeziehen von übernatürlichen Wesen, welche die Protagonisten begleiten oder beschützen und somit eine Verbindung von Übernatürlichem und Menschlichen eingehen.[29] Die Reflexion der Rügener Heimat und von Vorpommern, worin die spezielle Verortung „des Spiels" mit exakten Beschreibungen von Umgebung und Landschaft erfolgt, ist Spiegel von Arndts Mentalitätszustand, der eine innere Sehnsucht, gestützt auf den seelischen Reichtum und die Erfahrungen und Erlebnisse seiner Kindheit und Jugend, zum Ausdruck bringt.[30]

Der erste Teil der *Mährchen und Jugenderinnerungen* erschien 1818 und enthält beispielsweise „Rattenkönig Birlibi", „Prinzessin Svanvithe", „Der Wolf und die Nachtigall", „Der Schlangenkönig" und „Die Seekönigin".[31] Aus dem zweiten Teil von 1843 mit vorwiegend plattdeutschen Texten, seien „De Blagfoot", „Ick bün de Ridder Unvörzagt un sla der Säwen mit enem Slag" und „Das Lügenlied" genannt.[32]

Alte wandernde Sagenstoffe wie die „Wilde Jagd" oder bestelltes „Teufelsbauwerk" waren auch in Vorpommern bekannt und finden sich ebenso in Arndts Mährchen wie Anklänge an Frevelsagen[33], so beispielsweise in De Blagfoot[34], wo der Frevler zur Strafe in einen Vogel verwandelt wird:

«Herr, wet de Herr, wat de Blagfoot is?

Ja woll. Dat is een Falk edder Hawk edder doch so een Ding van Musfänger un Vagelfänger un Felddeef, een Vagel, dem jeder unverzagt up de Feddern knallen kann.»

*

De Blagfoot – Der Blaufuß[35], eine Falkenart, ruft freudig *Wô! Wô!* Er soll ein verzauberter Junker sein, der ohne alles Erbarmen gegen die Armen war, und rufen sie ihm, wenn sie ihn fliegen sehen, höhnend zu: *«Blagfoot! Blagfoot! wo bekümmt di de Kattenspise? wo smecken di de Müse?»* Das geht auf die schweren Flügel des Vogels, sodass er nur ab und zu ein mageres Mäuschen oder einen kleinen Vogel erhaschen kann.[36]

Abb. 40 Lannerfalke, *falco biarmicus.* Links Altvogel, rechts Jungvogel mit bläulichen Krallen. John Gerrard Keulemans (1842–1912), um 1884, Druck.

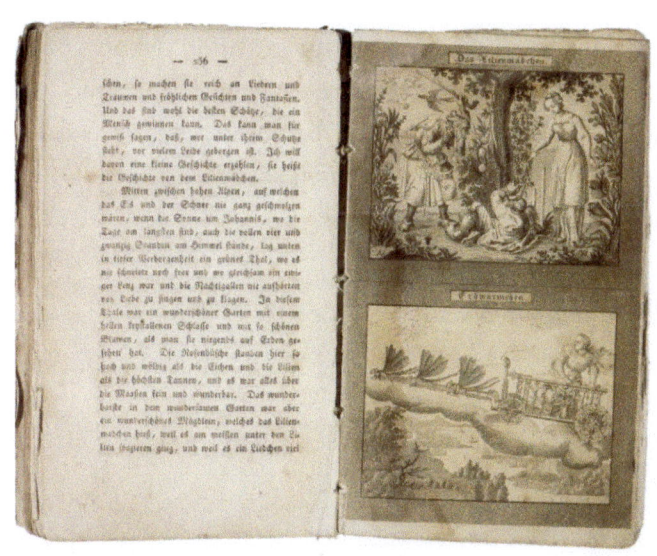

Abb. 41–42 Illustrationen. Oben: Das Lilienmädchen,
„Erdwürmchen. Unten: Die sieben Mäuse, Klas Avenstaken.

Ganz deutlich und eindringlich drückt Arndt, der ab Oktober 1817 in Bonn am Rhein lebte und seine alte Heimat nicht mehr sehen sollte, seine Liebe zu Rügen in der 1842 verfassten sehnsüchtigen Liebesäußerung *Heimweh nach Rügen*[37] aus:

«O Land der dunkeln Haine,
O Glanz der blauen See,
O Eiland, das ich meine,
Wie tut's nach dir mir weh!
Nach Fluchten und nach Zügen
Weit übers Land und Meer,
Mein trautes Ländchen Rügen,
Wie mahnst du mich so sehr!

O wie, mit goldnen Säumen
Die Flügel rings umwebt,
Mit Märchen und mit Träumen
Erinnrung zu mir schwebt!
Sie hebt von grauen Jahren
Den dunkeln Schleier auf,
Von Wiegen und von Bahren,
Und Tränen fallen drauf.

O Eiland grüner Küsten!
O bunter Himmelschein!
Wie schlief an deinen Brüsten
Der Knabe selig ein!
Die Wiegenlieder sangen
Die Wellen aus der See,
Und Engelharfen sangen

Die Wellen aus der See,
Und Engelharfen klangen
Hernieder aus der Höh`.

Und deine Heldenmäler
Mit moosgewobnen Kleid,
Was künden sie, Erzähler
Aus tapfrer Väter Zeit.
Von edler Tode Ehren
Auf flücht'gem Segelroß,
Von Schwertern und von Speeren
Und Schildesklang und -stoß?

So locken deine Minnen
Mit längst verklungnem Glück
den grauen Träumer hinnen
In alter Lust zurück.
O heißes Herzenssehnen!
O goldner Tage Schein,
Von Liebe reich und Tränen!
Schon liegt mein Grab am Rhein.

Fern, fern vom Heimatlande
Liegt Haus und Grab am Rhein.
Nie werd' an deinem Strande
Ich wieder Pilger sein.
Drum grüß' ich aus der Ferne
Dich, Eiland lieb und grün:
Sollst unterm besten Sterne
Des Himmels ewig blühn!»

Hier wird ganz bestimmt die Verbindung zwischen dem lyrischen Ich und Arndt aufgezeigt und das Heimweh nach Rügen aus der Perspektive des Rheins angesprochen. Die Naturschilderungen darin sind bemerkenswert und lassen eine tiefe Zuneigung erkennen.

4. KINDERLYRIK

Aufmerksamkeit muss Arndt auch im Bereich der Kinder- und Jugendliteratur entgegengebracht werden, da seine im Volkston gehaltenen Reime, Gedichte, Geschichten und (Kinder-)Lieder dem Kanon nationalerzieherischer Kinder- und Jugendliteratur zuzurechnen sind.[38] Zwischen 1820 und 1840 betätigte er sich auf dem Gebiet der Kinderlyrik, wobei eine Vielzahl von Gedichten für Kinder des Familien- und Freundeskreises verfasst wurden.

Auch seine Kinderlieder weisen wie die *Mährchen und Jugenderinnerungen* eine Verbindung zu biographischen Erlebnissen auf, hatte doch der Vater den Knaben aus seiner Liebe zur Natur, oft auf lange Spaziergänge mitgenommen um den Einbruch der Nacht und den Anbruch des Tages unmittelbar mitzuerleben.[39] So beispielsweise im *Abendlied* (1818)[40]:

«Der Tag ist nun vergangen,
Und dunkel schläft die Welt,
Die hellen Sterne prangen
Am blauen Himmelszelt;
Nur in den grünen Zweigen
Singt noch die Nachtigall,
Im weiten, tiefen Schweigen
Der einz'ge Lebensschall.

Ich aber, Vater, stehe
In meiner Hüttentür
Und schau' hinauf zur Höhe
Und schau' hinauf zu dir;

Wie gerne möcht' ich klingen
Als helle Nachtigall,
Dir Preis und Dank zu bringen
Mit tiefem Schmerzenschall.

Ja, mit dem Schall der Schmerzen:
Denn geht die Nacht herauf,
So springt in meinem Herzen
Ein Quell der Tränen auf,
Der Tränen und der Klagen –
Du, Vater, weißt es best,
Was singen nicht und sagen,
Was sich nicht sprechen läßt.

Du kennest meinen Kummer,
Der auf gen Himmel blickt,
Wann für den süßen Schlummer
Die ganze Welt sich schickt,
Womit so schwer beladen
Mein Herz nach oben schaut,
Nach deinem Born der Gnaden,
Der Labsal niedertaut.

Ja, deine süße Liebe,
Die tröstet mir den Schmerz,
Ja, deine süße Liebe,
Die stillet mir das Herz,
Die löst in heißen Tränen
Das Eis des Busens auf

Und stellet Sinn und Sehnen
Zum hohen Sternenlauf.

O laß mich ewig schauen
Im stillen Kindersinn
Zu jenen güldnen Auen,
Woher ich kommen bin!
O richte Herz und Sinne,
Mein Vater, für und für
Zu deiner süßen Minne,
Zum Himmel hin, zu dir.

So mag ich froh mich legen
Nun mit der Welt zur Ruh',
Mein Amen und mein Segen,
Mein Wächter, das bist du;
So mag in deinem Frieden
Ich fröhlich schlafen ein,
Dort oben und hienieden
Im Schlaf und Wachen dein.»

*

In summa muss seine Betätigung auf diesem Feld auch vor dem Hintergrund der Zensur- und Repressionsmaßnahmen des Vormärz gesehen werden, zumal seine Kinderlieder volksliedhaften Ton, aber auch starke Frömmigkeitszüge aufweisen und Arndt damit wohl gleichzeitig den Erwartungen eines brauchbaren Lesestoffs im Sinne der Zensurverfahren entsprach. Arndt hatte somit Kinderlieder nach dem Schema biedermeierlicher Häuslichkeit verfasst, deren moralisches Bild auf einer häuslich gebändigten Gemütsbildung des Kindes fußte und die ihm großen Erfolg einbrachten. Das Bild der harmonisch-idyllischen und fromm-demütigen Familie, entsprach der Sozialpolitik Metternichs. Kinder- und Jugendliteratur wurden zu diesem Zweck instrumentalisiert und zur Vermittlung dieses Stereotyps herangezogen.[41]

5. ANMERKUNGEN

[1] Ernst Moritz Arndt : Vorrede in : *Geistliche Lieder.* Berlin 1855, Weidmannsche Buchhandlung.

[2] Vgl.: Eduard Emil Koch : Geschichte des Kirchenlieds und Kirchengesangs der christlichen, insbesondere der deutschen evangelischen Kirche. Erster Haupttheil. Die Dichter und Sänger. Bd. VII. 3. umgearbeitete, durchaus vermehrte Auflage. Stuttgart 1872, Georg Olms Verlag. S. 144.

[3] Ernst Moritz Arndt : *Von dem Wort und dem Kirchenliede nebst geistlichen Liedern.* Bonn 1819, bei Eduard Weber. Gedruckt in Mainz bei Florian Kupferberg.

[4] Vgl.: Ada Kadelbach : Paul Gerhardt im Blauen Engel und andere Beiträge zur interdisziplinären Kirchenlied- und Gesangbuchforschung. Tübingen 2017, Narr Francke Attempto Verlag. S. 79.

[5] Jürgen Heidrich : Protestantische Kirchenmusikanschauung in der zweiten Hälfte des 18. Jahrhunderts: Studien zur Ideengeschichte „wahrer" Kirchenmusik. Göttingen 2001, Vandenhoeck & Ruprecht. S. 17.

[6] Arndt, *Vom Wort und dem Kirchenliede.* S. 45.

[7] Ebda. S. 25.

[8] Ebda. S. 50.

[9] Ebda. S. 51. Vgl. auch Heidrich, 2001. S. 23.

[10] Ebda. S. 115. („Fels des Heils", d.i. 5. Moses 32,15.)

[11] Vgl.: Wolfgang Herbst, Ilsabe Seibt (Hg.) : Liederkunde zum Evangelischen Gesangbuch. Heft 15. Ausgabe in Einzelheften. Göttingen 2009, Vandenhoeck & Ruprecht. S. 31ff.

[12] Vgl.: Ebda.

[13] Friedrich Daniel Ernst Schleiermacher (1768–1834): Evangelischer Theologe, Altphilologe, Philosoph, Publizist, Staatstheoretiker, Kirchenpolitiker und Pädagoge. Er lehrte ab 1810 als ordentlicher Professor der Theologie und Philosophie an der Berliner Universität. In seiner Schrift „*Über die Religion. Reden an die Gebildeten unter ihren Verächtern"* von 1799 beschreibt er Religion als Anschauung

und Gefühl des Universums. Sein religionsphilosophisches prägte den Protestantismus des 19. und 20. Jahrhunderts nachhaltig.

[14] Hermann Grieben : Vater Arndt's Witwe. Persönliche Erinnerungen von Hermann Grieben. Leipzig 1871. S. 243.

[15] Ebda. S. 239.

[16] Ernst Moritz Arndt : *Mährchen und Jugenderinnerungen*. Erster Theil. Mit Kupfern. Berlin 1818, in der Realschulbuchhandlung. Vorrede, S. V.

[17] Vgl.: Arndt, *Erinnerungen*, 1840. S. 9.

[18] Eduard Langberg : Ernst Moritz Arndt, sein Leben und seine Schriften. Bonn 1865, bei Eduard Weber. S. 7.

[19] Vgl.: Ebda. S. 10f.

[20] Vgl.: Ebda. S. 11.

[21] Siehe: Ernst Moritz Arndt und seine Mährchen und Jugenderinnerungen. Erzählungen zwischen Volksdichtung und Literatur. S. 190ff. In: Neumann, Siegfried : Erzählwelten: Fakten und Fiktionen im mündlichen und literarischen Erzählen. Beiträge zur volkskundlichen Erzählforschung. Rostock 2018, Waxmann Verlag. (=Rostocker Beiträge zur Volkskunde und Kulturgeschichte, Bd. 8.)

[22] Vgl.: Ebda.

[23] Vgl.: Sabine Wallig : Josef Sigmund Ebersberg und Ernst Moritz Arndt. Die Auswirkungen der vormärzlichen Zensur auf das jugendliterarische Wirken der Biedermeierzeit in Österreich und Deutschland. Universität Wien, Diplomarbeit, 2009. S. 69.

[24] Vgl.: Ernst Moritz Arndt : Rügen-Märchen. Erste vollständige Sammlung aller auf Rügen spielenden Arndtschen Märchen. Mit vier Abbildungen von Hermann Kupferschmid. Hrsg. v. Erich Gülzow: Pommersches Schrifttum. Denkmäler pommerscher Geschichte, Dichtung und Mundart. 3. Bd. Karlsruhe 1931, Verlag Dr. Karl Moninger. Dort: Kapitel 4, Einleitung. [Projekt Gutenberg, Online]

[25] Vgl.: Wallig, 2009. S. 70.

[26] Rattenkönig Birlibi in : Arndt, *Mährchen und Jugenderinnerungen*, 1818. S. 359–374.

[27] Ebda. S. 371.

[28] Vgl.: Wallig, 2009. S. 73.

[29] Vgl.: Ebda. S. 75.

[30] Vgl.: Ebda. S. 77.

[31] Wie FN 221.

[32] Arndt, Ernst Moritz : *Mährchen und Jugenderinnerungen.* Zweiter Theil. Mit Kupfern. Berlin 1843, Druck und Verlag von G. Reimer.

[33] Vgl.: Neumann, 2018. S. 207.

[34] Arndt : *Mährchen und Jugenderinnerungen*, 1843. S. 20–22.

[35] In Deutschland wurde um 1800 in Jägerkreisen entweder ein junger Wanderfalke oder ein Habicht als *Blaufuß* bezeichnet. Vgl.: Von Falken Hunden und Pferden : Deutsche Albertus-Magnus-Übersetzungen aus der ersten Hälfte des 15. Jahrhunderts. Teil II. Eingeleitet und herausgegebenen von Kurt Lindner. Berlin 1962, Walter de Gruyter. S. 158ff. Zieht man die Darstellung eines Lannerfalken (*falco bimaricus*) aus dem Jahr 1884 heran, so lässt sich feststellen, dass die Krallen des Jungvogels blau ausgeführt sind. Siehe: Painting of Falco biarmicus, Lanner Falcon, John Gerrard Keulemans (1842–1912), circa 1884. In: Edgar Leopold Layard's „Layard & Sharpe's Birds of South Africa" (1884).

[36] A[lexander] Treichel : Provinzielle Sprache zu und von Thieren und ihren Namen. S. 315, in: Altpreussische Monatsschrift neue Folge. Der Neuen Preussischen Provinzial. Blätter vierte Folge. Herausgegeben von Eudolf Reicke und Ernst Wichert. Bd. 30. Königsberg in Pr. 1893, Verlag von Ferd. Beyer's Buchhandlung (Thomas & Oppermann).

[37] *Gedichte von Ernst Moritz Arndt.* Vollständige Sammlung. Mit der Handschrift des Dichters aus seinem 90. Jahr. Berlin 1860, Weidmannsche Buchhandlung. S. 426–427.

[38] Vgl.: Wallig, 2009. S. 54.

[39] Vgl.: Ebda. S. 81.

[40] Arndt, *Gedichte*, 1860. S. 472–473.

[41] Vgl.: Wallig 2009. S. 78f.   ***

Vater Arndt im neunzigsten Jahr.
Nach einer Photographie.

Abb. 43 Vater Arndt im neunzigsten Jahr. Nach einer
Photographie. Aus: Die Gartenlaube. Leipzig 1860.

VII. ARNDT EIN DENKMAL SETZEN

**

Abb. 44 Allgemeines Deutsches Kommersbuch

1. „VATER ARNDT"

Nach seinem Ausscheiden aus dem Frankfurter Parlament (1849) und der Universität Bonn (1854) wird es stiller um Arndt. – Jedoch nicht seine Feder, er blieb weiter publizistisch aktiv.

Noch 1858 legt er die Schrift *Meine Wanderungen und Wandelungen mit dem Reichsfreiherrn von Stein*[1] vor. Das Buch schildert aus eigener Erinnerung und aus Erlebnissen das Wirken und Schaffen Steins. Er widmete die Schrift seinem geistesverwandten Freund, dem preußischen Diplomaten Christian Karl Josias von Bunsen (1791–1860), der einige Jahre zuvor seine zündenden Briefe *Zeichen der Zeit*[2] an Arndt verfasst hatte, da er ihn als den würdigsten Vertreter des liberal gesinnten deutschen Volksgeistes ansah. Diese Schrift Arndts fand in weiten Kreisen verdiente Aufnahme.[3]

Im selben Jahr widmeten Hermann Schauenburg (1819–1876) – der ein treuer Arndt-Anhänger und bis an sein Lebensende dessen Freund und Gönner war – und sein Bruder Moritz (1827–1895) Arndt die erste Ausgabe des *Allgemeinen deutschen Kommersbuches* (Lahr 1858)[4]. Die darin verfasste Widmung und ein Faksimile von Arndts Antwortschreiben werden bis heute in jeder Auflage abgedruckt:

«An Ernst Moritz Arndt.»

«Die Herausgeber wissen dies Buch, von dem sie wünschen, daß es ein Volksbuch werde, keinem würdigeren Manne widmend darzubringen, als Ihnen, dem zumeist auf den

Namen eines Volksmannes, eines Vormannes im deutschen Volke, der Anspruch zufällt. Zugleich gehören Sie zu unseren Ältesten und haben die Jahre richtender und aufrichtender Drangsale, die nie vergessen werden sollen, nicht bloß miterlebt, mitempfunden, miterlitten, – Sie haben treu und kräftig zum Siege mitgeholfen. Der Ihnen den unverfälscht deutschen Sinn in das Herz pflanzte, legte Ihnen auch das deutsche Wort auf die Lippe, das nie scheu wird, und gab Ihnen die Gewalt des Liedes, das die Tapfern zum Kampfe und die Kämpfer zum Siege führte. So war Ihr Leben ein schönes Los und ist ein wichtiges Stück in der Geschichte unseres Volkes geworden, dem Sie die Gnade von Gott hatten, in schwerster Zeit den ewig unvergänglichen Gesang vorzusagen:

„Das ganze Deutschland soll es sein!
O Gott vom Himmel, sieh darein
Und gib uns echten deutschen Mut
Daß wir es lieben treu und gut!
Das soll es sein
Das ganze Deutschland soll es sein!" [...]»

«Und so übergeben wir dem lieben „alten Arndt" dies Buch, vermeinend, ihm selbst dadurch eine Freude zu machen und durch solche Widmung das Buch Jung und Alt im Volke am besten zu empfehlen. [...]»

*

Arndts Antwortschreiben lautete:

«[...] *Sie müssen und werden es einem überalten Mann zu gut halten, daß er Ihnen für das hübsche übersandte Geschenk so spät dankt, seine Schritte und seine Hände werden immer langsamer, aber er dankt auf's herzlichste. [...] Möge die Frucht Ihrer fröhlichen Muße viele Früchte tragen! Möge das deutsche Lied in fröhlicher Jugendlust und aus edlem tapfern Sinn noch Jahrtausende unverkümmert erklingen! [...]*»

Die Auswahl für das Allgemeine Deutsche Kommersbuch von 1858 – «*das ein Volksbuch und ein deutsches Buch sein soll und in jedem Hause willkommen*» –, traf die gesamte deutsche Studentenschaft. Sie beinhaltet vaterländische Schlachtlieder, die bis in die spätesten Enkel hin nicht verstummen mögen. Es folgt der lustig freie Burschengesang. Den Schluss machen Lieder aus dem Volksliederschatz und Lieblingslieder des deutschen Volkes. Als erstes Lied setzen die Herausgeber Arndts „*Eisenlied*" („Anfang und Ende", 1856), das er ihnen zur Aufnahme übergeben hatte. Es wurde 1857 von Friedrich Silcher (1789–1860) vertont:

«*Könnt' ich Löwenmähnen schütteln
Mit dem Zorn und Mut der Jugend,
Wie gewaltig wollt' ich rütteln
An des Tages blasser Tugend,
An dem Trug der Feigen, Matten –
Wer will ihre Namen nennen?
Die der Väter Heldenschatten
Nur als Leichenschatten kennen.*

Eisen galt in meinen Tagen.
Horch' ich solchen Stundenweisern,
Hör' ich sagen, fragen, klagen,
Eisern sei ich, übereisern,
Fern sei mir das Los gefallen
Von den edlen Glanzmetallen,
Fern, o fern von jenen allen,
Woraus feine Klänge schallen.

Weg vom Silber denn, vom Golde
Hin, wohin die Weiser weisen!
Trage, wie dein Schmied es wollte,
Trage mutig durch dein Eisen!
Preis ihm, der es hart geschmiedet!
Nimmer magst du würdig preisen,
Nimmer, was die Welt befriedet,
Was die Welt erhält, das Eisen.

O du Segenglanz des Pfluges!
Gold der Ähren, Gold der Reben!
O du Blitz des Degenzuges,
Dem die Völkerzwinger beben!
Lebenhalter, Ehrenhalter,
Bestes Ding von besten Dingen,
O ich könnte tausend Psalter
Voll von deinen Ehren klingen.

Darum Preis dem Rauhen, Harten,
Preis dem Menschenschirmer Eisen!
Mag vom Blanken, Feinen, Zarten

Sich ein andrer Seines preisen,
Kann ich nur ein Fünkchen zählen
In mir echter Männergluten,
Gönn' ich gern den weichen Seelen
Volle Weibersehnsuchtsfluten.»

*

Im Alter umgab Arndt ein Mythos, der ihn als „Vater Arndt"
zum lebenden Denkmal der Freiheitskriege werden ließ. Er
genoss bei allen politischen Richtungen hohes Ansehen.
Seinen Monarchismus und seine Abscheu gegen revolutionäre
Umstürze teilte er mit den Konservativen, als Volksfreund und
Kämpfer gegen die Leibeigenschaft sahen ihn Liberale und
Demokraten, als Wegbereiter deutscher Einheit die National-
liberalen und im Franzosenhasser spiegelten sich die Nationa-
listen. So ergingen aus ganz Deutschland Grußadressen, als
Arndt voll Freude und unter allgemeiner öffentlicher Teil-
nahme am 26. Dezember 1859 seinem 90. Geburtstag als edler
Vaterlandsfreund feierte.

Am 29. Jänner 1860 stirbt Arndt und wird am 1. Februar auf
dem Alten Friedhof in Bonn begraben. Unter dem Gesang
„O Haupt voll Blut und Wunden" wurde er beerdigt. Mit
seinem eigenen Lied „Geht hin und grabt mein Grab" wurde
der Sarg versenkt.[5] Auf seinem Grab ließ er die Inschrift an-
bringen:

«Gute Nacht, Ihr meine Freunde
alle meine Lieben
alle die Ihr um mich weint
lasst Euch nicht betrüben
diesen Abstieg, den ich thu
in die Erde nieder
Seht, die Sonne geht zur Ruh
kommt doch morgen wieder.»

*

2. Denkmäler und Erinnerungsorte

Schon zu Lebzeiten wurde „Vater Arndt" ein erstes Denkmal errichtet. Als Repräsentant der philosophischen Fakultät der Universität ziert er seit 1856 das Rubenow-Denkmal in Greifswald, das zu Ehren des Bürgermeisters der Stadt und Mitbegründers der Greifswalder Universität Heinrich Rubenow (1400–1462) am 17. Oktober 1856 im Beisein von König Friedrich Wilhelm IV. feierlich eingeweiht. Arndt selbst war nicht anwesend, da er nun 86 Jahre alt war und das Alter Schritt und Willen hemmte und er sich solcher Freude nicht mehr gewachsen sah. Dennoch zeigt er sich in einem Schreiben gegenüber dem Rektor Magnificus und dem ehrwürdigen Senat der Universität Greifswald tief gerührt und erfreut über die Ehre, die man ihm zugedacht hatte; besonders in Greifswald, wo er seine Lern- und Lehrjahre verbrachte. Er bemerkte gleichzeitig scharfzüngig:

«*Wo Denkmäler errichtet werden,*
da feiert man gleichsam Todtenfeste, [...]»[6]

*

Und in Demut sprach er aus:

«*Ich habe nach dem Ruhm eines ehrlichen Mannes gestrebt.*»[7]

*

Da Arndt aufgrund seiner Vergangenheit wohl nicht allen Universitätsvertretern angenehm war (Sic!), ging die Wahl für Arndt als Repräsentanten der Philosophischen Fakultät nicht

175

Abb. 45–46 Das Rubenow-Denkmal in Greifswald. Illustrirte
Zeitung, Leipzig, 1856, Ausschnitte.

ganz reibungslos vonstatten. Im Sitzungsprotokoll der Fakultät wurden Arndts «[...] *weitergreifende Verdienste um die Wissenschaft sowie um das Volks- und Staatsleben* [...]» einerseits hervorgehoben, von der Gegenpartei wurde dagegen behauptet, «*seine wissenschaftlichen Schriften haben nur untergeordneten Wert* [...] *überhaupt könne er keinesfalls genügen.*»

Es gibt dazu eine Notiz aus dem Jahr 1853, dass auf Befehl Friedrich Wilhelm IV. Arndt als Repräsentant auf dem Denkmal als Vertreter der Philosophischen Fakultät jedenfalls anzubringen sei. Es ist daraus zu schließen, dass dieser in Erinnerung an Arndts patriotische Verdienste, die sich mit seiner eigenen Jugend- und Kronprinzenzeit verbanden, das Denkmal auch in seiner patriotischen Komponente zu stärken suchte.[8]

Das Rubenow-Denkmal besteht aus einer schlanken Fiale mit reichem Bildschmuck zur Geschichte der Universität und ist mit einer Gesamthöhe von 40 Fuß (=12,5 Meter) die größte freistehende Fiale aus galvanisch bronziertem Zinkguss in Deutschland. Es wurde von Architekt Friedrich August Stüler (1800–1865) entworfen. In vier Nischen stehen Herzog Wartislaw IX. von Pommern (um 1400–1457), Herzog Bogislaw XIV. von Pommern (1580–1637), König Friedrich I. von Schweden (1676–1751) und König Friedrich Wilhelm III. von Preußen (1770–1840). Die Modelle schuf der Bildhauer Wilhelm Stürmer (1812–1885). Unterhalb der Nischen finden sich die Wappen von Schweden, Preußen, Pommern und Greifswald angebracht, darunter das Reliefbildnis des Universitätsstifters Rubenow. Die vier Fakultäten, deren Gelehrten-Figuren der

Bildhauer Bernhard Afinger (1813–1882) ausführte, werden durch Johannes Bugenhagen (1485–1558) für die Theologie, David Mevius (1609–1670) für die Jurisprudenz, Friedrich August Gottlob Berndt (1793–1854) für die Medizin und Ernst Moritz Arndt für die philosophische Fakultät, sitzend an den Ecken des Denkmals, repräsentiert. Die Erfindungskraft der Berliner Schule – Architekten, Bildhauer, Kunsthandwerker – hat mit dem Rubenow-Denkmal ein originäres Monument in Vorpommern geschaffen, das einerseits im Kontext mit anderen Denkmälern und mit neugotischer Architektur steht, sich aber dann auch wieder abgrenzt und heraushebt. Deutlich erkennbar ist auch der Kontext zum Kreuzberg-Denkmal von Karl Friedrich Schinkel (1781–1841).[9]

Nach Arndts Tod 1860 ließen die Bürger von Bonn ihm ein Standbild errichten. Darin sollte sich das deutsche Volk in seinen besten Tugenden und edelsten Bestrebungen selbst entdecken. Das Denkmal wurde von Bernhard Afinger (1813–1882) 1864 geschaffen und am 29. Juli 1865 in einer nationalen Feier auf dem Alten Zoll in Bonn enthüllt. Den Bronzeguss besorgte der Goldschmied, Bildhauer und Erzgießer Georg Ferdinand Howaldt (1802–1883) aus Braunschweig. Auf dem Sockel befinden sich die Inschriften: „Ernst Moritz Arndt", „Der Rhein Deutschlands Strom nicht Deutschlands Grenze", „Der Gott der Eisen wachsen ließ, der wollte keine Knechte" und „Errichtet vom Deutschen Volke MDCCCLXV".

Abb. 47 Arndt-Denkmal am Alten Zoll in Bonn

Abb. 48 Arndt-Turm auf dem Rugard bei Bergen/Rügen
Hermann Eggert (1844–1920), Handzeichnung, TU Berlin,
Architekturmuseum, Inv. Nr. 913.

Schenkel schreibt 1866 über das Arndt-Standbild:

«[...] so *erhebt sich am linken Rheinufer, auf dem sogenannten „alten Zoll" in Bonn, sein in Erz gegossenes Standbild. Wie ein Wächter und Mahner steht er am deutschen Strom; seine Hand ist schirmend und segnend ausgestreckt. Ein unvergängliches Denkmal hat er sich in dem Herzen seines Volkes aufgebaut. Wir haben alle dafür zu sorgen, daß sein Andenken unter uns in Kraft und Segen bleibt.* [...]»[10]

*

Am 26. Dezember 1869 zu Arndts 100. Geburtstag, erfolgte in seiner Heimat Rügen die Grundsteinlegung für den Ernst-Moritz-Arndt-Turm auf dem 91 Meter hohen Rugard bei Bergen. Spenden und Pläne von Architekten wurden erbeten. Ausgewählt wurde der Entwurf des Architekten und preußischen Baubeamten Hermann Eggert (1844–1920) aus Berlin. Er leitete den Bau des 26,7 Meter hohen Denkmals bis zu seiner Vollendung im Jahr 1877.

Die Errichtung des Turmes verzögerte sich, da immer wieder die finanziellen Mittel zum Weiterbau fehlten. Auch Kaiser Wilhelm I. (1797–1888) beteiligte sich mit einer Spende. 1873 entstand das erste Stockwerk, 1876 das dritte und vierte mit gusseiserner Wendeltreppe, Aussichtsgalerie und ursprünglich hölzernem, nun gläsernem Kuppeldach. Der viergeschossige runde Aussichtsturm aus Backstein liegt auf einem gärtnerisch gestalteten Hügel mit Freitreppe und ist ein weithin sichtbares markantes Denkmal, das den Blick auf die deutsche Landschaft und das Meer freigibt.

Abb. 49 Ernst-Moritz-Arndt-Haus in Bonn. Ansicht der Rheinfront mit rheinseitigem Garten, zwischen 1886 und 1909.

Als Erinnerungsort genannt werden soll auch das Ernst-Moritz-Arndt-Haus in Bonn. Das von 1818–1821 vom Architekten Hermann Friedrich Waesemann (1813–1879) im Auftrag Arndts errichtete Haus, hat dieser bis zu seinem Tod bewohnt. Es handelt sich heute um das einzige noch erhaltene Bonner Professorenhaus und gleichzeitig um die älteste, dem preußisch-klassizistischen Stil zugeordnete Rheinvilla. Das Gebäude ist zweigeschossig mit rosafarbener Fassade, Sprossenfenstern und einem Walmdach ausgeführt. Der Eingangsbereich ist durch einen übergiebelten Risalit akzentuiert. Davor befindet sich ein großer Vorgarten, der im 19. Jahrhundert als Obst- und Gemüsegarten diente. Damals lag es inmitten von Weinbergen, nahe der Universität und außerhalb der Stadtmauern. Arndt taufte das Haus als Erinnerung an seine Kindheit „Lülo", nach einem kleinen Waldstück auf Rügen. Die „Arndt-Villa" findet ihre Vorbilder in ostdeutschen Gutshäusern.

Seit 1867 gehört das architektonische Kleinod und bedeutende Zeugnis der Bonner Villenkultur der Stadt und dient seit 1933 als Arndt-Museum. Heute ist es eine Rekonstruktion, da es 1944 nahezu vollständig zerstört wurde. Wieder aufgebaut ab 1950 ist es heute eine Dependance des Stadtmuseums Bonn, in welcher Sonderausstellungen, Veranstaltungen, Konzerte, musikalisch-literarische Soireen und Lesungen stattfinden.

An den Hausherrn Arndt erinnert ein Gedenkzimmer im Erdgeschoss, das sich mit seinem Nachlass und Wirken beschäftigt und Teile der alten Einrichtung und Porträts des 19. Jahrhunderts zeigt. Im Obergeschoss ist ein Biedermeiersalon eingerichtet. Dort trifft man auch auf ein persönliches Geschenk des russischen Zaren Alexander an Arndt. Er hatte diesem für seine Verdienste einen Lehnstuhl mit Lederbezug geschenkt.

Erinnert werden soll auch die Arndt-Gedenkbüste in Stralsund, nach dem Entwurf des Bildhauers Albert August Manthe (1847–1929), die im Innenhof des dortigen Katharinenklosters am 4. September 1900 zu Ehren von Arndt eingeweiht wurde.

Zuletzt sei noch auf das seit 1927 bestehende Arndt-Museum in Garz auf Rügen und die Vielzahl an Straßennamen, Schulen und andere Einrichtungen hingewiesen, die Ernst Moritz Arndts heute Namen tragen.

Und schließlich an Arndts Zitat auf dem Einheitsdenkmal auf dem Paulsplatz in Frankfurt von 1903:

« Wir sind geschlagen, nicht besiegt,
in solcher Schlacht erliegt man nicht.»[11]

*

3. SCHLUSSBETRACHTUNG

Ernst Moritz Arndt, in seiner ersten Lebenshälfte Rüganer beziehungsweise Pommeraner, in seiner zweiten Rheinpreuße, war ein Mensch seiner Zeiten, ein Kind der von ihm gelebten und erlebten, zum Teil auch mitgestalteten Epochen. Arndt ist eine historische Persönlichkeit, mit ihren eigenen Brüchen und Verwerfungen, Ungereimtheiten und Ambivalenzen.

Die vielen Facetten seiner Persönlichkeit rufen einerseits Respekt und Zustimmung hervor, andererseits Verständnislosigkeit und Abneigung. In all dieser Rätselhaftigkeit sind sein Leben und seine Persönlichkeit auch heute noch hilfreich, um Geschichte zu begreifen.[12]

Bis auf den heutigen Tag dient Arndt als Referenzpunkt und Stichwortgeber zu den Themen Vaterland und Nation. In ihm tritt uns die Idee eines einigen freien Deutschland entgegen.

Als geschworener Feind des Napoleonismus warf er mit dem *Geist der Zeit* und anderen Schriften den Fehdehandschuh hin, und schrieb, redete, sang, stritt, litt und setzte sein Leben für Vaterland, Freiheit, Ehre und Einigkeit ein. Arndts Wirken und seine politische Publizistik müssen, um in ihrer Vehemenz verstanden zu werden, im Zeitkontext gesehen, gelesen und verstanden werden. Das Gegensatzpaar Hass gegen die Feinde und Liebe für das Vaterland in ihrer Unbedingtheit ragt markant hervor und prägte die erste Hälfte seines Lebens, mit welcher er geistesgeschichtliche Bedeutung erlangte. In der zweiten Hälfte seines Lebens wurden andere Motive und Richtungen des historischen und politischen Denkens in Deutschland aktuell. Auch wenn seine Impulskraft und Wirkmächtigkeit nachließen, ruhte seine schöpferische Kraft nicht.

Die Lieder, Texte und Gedichte die seiner Feder entsprangen, sind voll von Freude, Liebe, Sehnsucht, Schmerz, freiem Sinn und freier Weltanschauung und zeigen durch und durch Arndts poetischen Charakter. Sie sind aber auch zweischneidig und feindlich, wenn der „gerechte Zorn" und Hass aus ihm spricht und er sich als Feind des schmeichelnden, heuchelnden und lügnerischen Wesens zeigt. Wahr und treu im Leben und Reden, schlicht und einfach, heiter und fröhlich im Umgang und voll Liebe gegenüber seinen Mitmenschen charakterisieren den *rechten* Menschen Arndt.

Als Schriftsteller, Dichter und Sänger, Kämpfer, Mahner und Patriot mit festem Glauben an das Kommen eines deutschen Frühlings, strebte er nach dem Ruhm eines ehrlichen Mannes.[13] Sein Glaube an Gott und das Christentum, getragen von unerschütterlichem Gottvertrauen und voll Frömmigkeit und kindlicher Einfalt, haben ihn auch schwierige Zeiten bewältigen lassen.

4. ANMERKUNG

[1] Ernst Moritz Arndt : *Meine Wanderungen und Wandelungen mit dem Reichsfreiherrn Heinrich Karl Friedrich von Stein.* Berlin 1858, Weidmann.

[2] Christian Karl Josias von Bunsen : Die Zeichen der Zeit : Briefe an Freunde über die Gewissensfreiheit und das Recht der christlichen Gemeinde. Leipzig, 1855, F. A. Brockhaus.

[3] Vgl.: Daniel Schenkel : Ernst Moritz Arndt, ein politischer und religiöser deutscher Charakter. Elberfeld 1866, Verlag von R. L. Friderichs. S. 165.

[4] Allgemeines deutsches Kommersbuch (Lahr 1858). Hier: [Online] 4. Aufl. 1859 mit 456 Liedern.

[5] Vgl. Koch, 1872. S. 144f.

[6] Gustav Albert Hoefer : Ernst Moritz Arndt und die Universität Greifswald zu Anfang unseres Jahrhunderts : Ein Stück aus seinem und ihrem Leben. Mit einem Anhange aus Arndts Briefen. Berlin 1863, Weidmannsche Buchhandlung. S. 81.

[7] Ebda. S. 82.

[8] Vgl.: Hannelore Gärtner : Das Rubenow-Denkmal in Greifswald. Eine Fallstudie. Stiftung Preußische Schlösser und Gärten Berlin-Brandenburg. Jahrbuch Bd. 1. 1995/1996. S. 114.

[9] Vgl.: Ebda. S. 111f.

[10] Schenkel, 1866. S. 167.

[11] D.s. die letzten beiden Strophen aus dem Gedicht „Aus Frankfurt weg!" (Mai 1849).

[12] Vgl.: Norbert Schloßmacher : Ernst Moritz Arndt. Ein Denkmal setzen – die Wacht am Rhein, in: Tilman Mayer u.a. (Hg.) : Über Bonn hinaus – Die ehemalige Bundeshauptstadt und ihre Rolle in der deutschen Geschichte. Baden-Baden 2017. S. 58. [Online]

[13] Vgl.: Schenkel, 1866. S. 164.

***

BILDNACHWEIS

Sollte eine unbeabsichtigte Urheberrechtsverletzung vorliegen, bittet der Autor um Information, um diese zu beseitigen.

Titelseite: Porträt von Ernst Moritz Arndt. Monogrammist F.W., Aquarell und Pastell, 1814, Stadtmuseum Bonn, Inv.-Nr.: SMB 1991/Alt107. Foto: © Stadtmuseum Bonn

Abb. 1: Ernst Moritz Arndt
Jacob Seib (1812–1883), Daguerreotypie, 1848.
Foto/Digitalisat: Wikimedia Commons, Quelle: Fritz Kempe: Daguerreotypie in Deutschland, Heering-Verlag.
URL: https://commons.wikimedia.org/w/index.php?curid=2762218

Ernst Moritz Arndt (1769–1860), Dichter und Professor gehörte zu den bekanntesten Abgeordneten der Nationalversammlung. Er war Abgeordneter des 15. Rheinpreußischen Wahlbezirks in der Frankfurter Paulskirche tagenden Deutschen Nationalversammlung. (Literatur: Eberhard Mayer-Wegelin, Frühe Photographie in Frankfurt am Main 1839.1870, 1982, S. 59, Nr. 1.). J. Seib, deutscher Fotograf des 19. Jahrhunderts, betrieb in Offenbach ein Atelier. Zu seinen prominenten Kunden zählten neben Ernst Moritz Arndt auch Heinrich von Gagern und Arthur Schopenhauer. Insbesondere seine Porträtserie der Abgeordneten der Frankfurter Nationalversammlung erlangte Bekanntheit. Er warb bereits 1852 für eine neue Technik der „Photographie auf Glas".

Abb. 2: Greifswald im Mondschein
Caspar David Friedrich (1774–1840), Öl auf Leinwand, 1817,
H: 22.5 cm; B: 30.5 cm. Nasjonalgalleriet Oslo / Nationalgalerie Oslo,
Inv.-Nr.: NG.M.00387.
Foto/Digitalisat: Wikimedia Commons,
URL: https://de.wikipedia.org/wiki/Datei:Greifswald_in_Moonlight_
by_Caspar_David_Friedrich.jpg

Abb. 3: Versuch der Geschichte der Leibeigenschaft in Pommern
und Rügen, 1803.
Foto/Digitalisat: Universität Greifswald, Digitale Bibliothek
Mecklenburg-Vorpommern,
URL: http://www.digitale-bibliothek-mv.de/viewer/image/
PPN612297306/1

Abb. 4: Germanien und Europa: Liebe und Haß
Ernst Moritz Arndt : Germanien und Europa, Altona 1803.
Foto/Digitalisat: Bayerische Staatsbibliothek digital,
URL: http://mdz-nbn-resolving.de/urn:nbn:de:bvb:12-bsb10811069-2

Abb 5. Glas mit Porträt Napoleon I. Bonaparte
Monogrammist A. K. (Nachahmer Anton Kothgasser), um 1850,
Glas, Email-Technik, Nordböhmen.
Foto/Digitalisat: EUROPEANA, CC BY 4.0, Napoleon I. Bonaparte,
URL: https://www.europeana.eu/portal/record/2048080/detail_
5063821.html

Das Glas, wahrscheinlich in einer nordböhmischen Glashütte herge-
stellt, ahmt die gemalte Dekoration des bekannten Wiener Glas-
künstlers Anton Kothgasser (1769–1851) nach. Nachahmungen der
Produktion von Kothgasser waren weit verbreitet und wurden vor

allem von den Kopisten und Fälschern aus Kamenický Šenov und Umgebung Ende des 19. Jahrhunderts verbreitet.

Abb. 6: Graf Yorcks Ansprache an die ostpreußischen Stände am 5. Februar 1813 in Königsberg
Otto Brausewetter (1833–1904), Öl auf Leinwand, 1888.
Das Originalgemälde wurde im Zweiten Weltkrieg zerstört.
Foto/Digitalisat: Wikimedia Commons,
URL: https://de.wikipedia.org/wiki/Datei:Brausewetter_Yorck.jpg

Abb. 7: Vaterlandslied
Aus: „Lieder für Teutsche im Jahr der Freiheit 1813". Leipzig 1813.
Foto/Digitalisat: Bayerische Staatsbibliothek digital,
URL: http://mdz-nbn-resolving.de/urn:nbn:de:bvb:12-bsb10015235-2

Abb. 8: Was bedeutet Landsturm und Landwehr? 1813. Titelseite.
Foto/Digitalisat: Bayerische Staatsbibliothek digital,
URL: http://mdz-nbn-resolving.de/urn:nbn:de:bvb:12-bsb10918693-7

Abb. 9: Der Rhein, Deutschlands Strom, aber nicht Teutschlands Gränze. 1813. Titelseite.
Foto/Digitalisat: Universität Greifswald, Digitale Bibliothek Mecklenburg-Vorpommern,
URL: http://www.digitale-bibliothek-mv.de/viewer/image/PPN614490529/1

Abb. 10: Katechismus für teutsche Soldaten nebst zwei Anhängen von Liedern. 1813. Titelseite.
Foto/Digitalisat: Bayerische Staatsbibliothek digital,
URL: http://mdz-nbn-resolving.de/urn:nbn:de:bvb:12-bsb10015232-6

Abb. 11: Über Volkshaß und über den Gebrauch einer fremden Sprache. 1813. Titelseite.
Foto/Digitalisat: Bayerische Staatsbibliothek digital,
URL: http://mdz-nbn-resolving.de/urn:nbn:de:bvb:12-bsb10717529-2

Abb. 12: Bildnisse von Jahn, Arndt und Fichte mit Zitat aus Arndts Vaterlandslied
Raphael Tuck's Postkarten Serie 932: „Oilette"-Serien. Zur Hundertjahrfeier 1813–1913. 6 Dessins nach Original-Aquarellen. Raphael Tuck & Sons Ltd. G.m.b.H. Kunstverlag, Hoflieferanten Sr. Maj. des Königs und der Königin von England. Berlin, Paris, London, New York.

Die Bilder sind gezeichnet mit E. Lindenberg, Berlin 1912, d.i. Eugen Lindenberg (1877–?), Berliner Landschaftsmaler und Graphiker. Die biographischen Angaben der Abgebildeten befinden sich auf der Rückseite der Karten. Aus: Die Jahrhundertfeier des Befreiungskrieges, 1913. Aus der Sammlung historischer und politischer Bildpostkarten von Karl Stehle, München.
Foto/Digitalisat: Goethezeitportal,
URL: http://www.goethezeitportal.de

Abb. 13 Friedrich Ludwig Jahn
Jugend: Münchner illustrierte Wochenschrift für Kunst und Leben – 18.1913, Band 2 (Nr. 29). S. 835.
Foto/Digitalisat: Universitätsbibliothek Heidelberg,
URL: http://digi.ub.uni-heidelberg.de/diglit/jugend1913_2/0038

Abb. 14 Lützow's wilde Jagd

Text von Theodor Körner – 24. 4. 1813 – zuerst in: Zwölf freie deut-
sche Gedichte (Leipzig 1813) mit dem Vermerk: Leipzig, 24. April
1813 auf dem Schneckenberge. Der Text wurde später geändert. Der
Titel des Liedes wird auch mit „Was glänzt dort vorm Walde..." oder
„Was glänzt dort im Walde..." wiedergegeben. Vertont von Carl
Maria v. Weber (1786–1826), 1814.

Foto/Digitalisat: Bayerische Staatsbibliothek digital,
URL: http://mdz-nbn-resolving.de/urn:nbn:de:bvb:12-bsb10717510-4

Abb. 15: Auszug der Jenenser Studenten in den Freiheitskrieg 1813
Ferdinand Hodler (1853–1918), 1908/1909, Öl auf Leinwand,
H: 358 cm; B: 546 cm. Aula der Friedrich-Schiller-Universität Jena.
Foto/Digitalisat: Wikimedia Commons,
URL: https://commons.wikimedia.org/wiki/File:Hodler_-
_Der_Auszug_deutscher_Studenden_in_den_Freiheitskrieg_von_181
3_-_1908-09.jpeg

Nach ersten Erfolgen in Paris und Wien wurde der Schweizer Maler
Ferdinand Hodler auch in Deutschland bekannt und erhielt zuneh-
mend bedeutende Aufträge. So bestellte auch die Gesellschaft der
Kunstfreunde in Jena und Weimar ein Wandbild, das als Jubiläums-
geschenk für die Universität Jena dienen sollte. Das Motiv sollte der
Auszug Jenenser Studenten in die Befreiungskriege gegen Napoleon
im Jahre 1813 sein. Hodler malte die Studenten in der Uniform des
Lützowschen Freikorps. Das Bild wurde vor 200 Jahren (1909) in der
Universität Jena angebracht.

Abb. 16: Georg Friedrich Kersting Selbstbildnis als Lützower Jäger
Georg Friedrich Kersting (1785–1847), um 1815, Bleistiftzeichnung,
H: 27,5 cm; B: 16,8 cm. Privatsammlung.
Foto/Digitalisat: Wikipedia.de,
URL: https://de.wikipedia.org/wiki/Datei:Kersting_-
_Selbstbildnis_als_L%C3%BCtzower_J%C3%A4ger.jpg

Abb. 17: Die Freiwilligen von 1813 vor König Wilhelm III. zu
Breslau im März 1813
Julius Scholtz (1825–1893), 1866, Öl auf Leinwand, H: 152 cm;
B: 237 cm. Staatliche Museen zu Berlin – Preußischer Kulturbesitz,
Nationalgalerie, Ident.-Nr.: A III 353.
Foto/Digitalisat: Andres Kilger, CC BY-NC-SA 3.0,
URL: https://smb.museum-
digital.de/index.php?t=objekt&oges=144633

Das Gemälde zeigt die Musterung der Freiwilligen von 1813 durch
König Friedrich Wilhelm III. in Breslau. Das demokratisch gesinnte
Bürgertum Breslaus bildete damals eines der geistigen Zentren des
Widerstandes gegen die napoleonische Fremdherrschaft. Als am
17. März 1813 der von Staatsrat Theodor Gottlieb von Hippel im
Auftrag des preußischen Königs verfasste Aufruf »An mein Volk«
zur allgemeinen Volksbewaffnung erging, stellten sich in Breslau
begeistert die ersten Freiwilligen. Scholtz gab die Protagonisten des
historischen Ereignisses porträtgenau: Auf einem Schimmel nähert
sich dem frenetisch applaudierenden Volk König Friedrich Wilhelm
III. von Preußen (1770–1840); ihm folgen zu Roß die Kronprinzen
Friedrich Wilhelm (1795–1861) und Wilhelm (1797–1888) sowie
Gebhard Leberecht von Blücher (1742–1819), Gerhard von Scharnhorst (1755 –1813), August Neidhardt von Gneisenau (1760–1831)
und Theodor Gottlieb von Hippel (1775–1843). Der Dichter Samuel

Gottlied Bürde (1753–1831) und der Universitätsprofessor Heinrich Steffens (1773–1845), die Wortführer der Breslauer Freiheitsbewegung, sowie Adolf von Lützow (1782–1834) und Theodor Körner (1791–1813) sind rechts in der Volksmenge zu sehen, die durch einzelne Gruppen akzentuiert und durch eine kluge Verteilung von Licht- und Schattenzonen malerisch zusammengeschlossen wird. Scholtz, der das Bild durch zahlreiche Studien (heute viele davon im Dresdner Kupferstich-Kabinett) vorbereitete, vollendete die Arbeit 1866. Noch im selben Jahr war das Bild auf der Berliner Akademieausstellung zu sehen, tourte sodann durch die Ausstellungen der vereinigten Kunstvereine und wurde zuletzt in die Schausammlung des Schlesischen Museums der bildenden Künste in Breslau integriert. Für die Nationalgalerie wurde 1866/67 eine etwas größere, freie Wiederholung des Bildes beim Künstler bestellt, die 1872 vollendet war (Kriegsverlust). Die Erstfassung gelangte 1953 als Teil des sogenannten Freundschaftsgeschenks der Volksrepublik Polen an die DDR in die Nationalgalerie. – 1867 reproduziert in der »Illustrierten Zeitung. | Regina Freyberger

Abb. 18: Auf Vorposten
Georg Friedrich Kersting (1785–1847), Öl auf Holz, 1829, H: 18 cm; B: 24 cm. Sammlung Alte Nationalgalerie, Inv.-Nr.: A II 817.
Foto/Digitalisat: Staatliche Museen zu Berlin – Preußischer Kulturbesitz, Jörg P. Anders, CC BY-NC-SA 3.0,
URL: https://smb.museum-digital.de/index.php?t=objekt&oges=143974

Georg Friedrich Kersting schloss sich, wie viele andere Künstler, als Freiwilliger im Kampf gegen Napoleon den Lützower Jägern an. Er nahm 1813 an der Schlacht an der Göhrde teil und musste das Sterben einiger seiner Kameraden miterleben. Kersting hat sich selbst mehrfach in der Uniform eines Lützower Jägers dargestellt. Sechzehn Jahre nach den für ihn einschneidenden Erlebnissen entstand die kleinformatige Holztafel »Auf Vorposten«. Ein Lützower Jäger – vermutlich ebenfalls ein Selbstbildnis – hat liegend auf einer Anhöhe Posten bezogen. Sein Gesicht und das Gewehr sind unter dem Mantel halb verborgen, konzentriert blickt er in die Ferne. Das leuchtende Blau von Mantel und Barett könnte auf Freimaurertum anspielen (vgl. T. Zuchowski, Mensch und Landschaft bei Georg Friedrich Kersting, in: Wissenschaftliche Zeitschrift der Ernst-Moritz-Arndt-Universität Greifswald, Gesellschaftswissenschaftliche Reihe, 35. Jg., 1986, H. 3–4, S. 77 f.). Kerstings Begegnung mit ehemaligen Lützowschen Kameraden anlässlich der Dürerfeier in Nürnberg 1828 gab möglicherweise den Anstoß zu diesem Erinnerungsbild. | Birgit Verwiebe

Abb. 19: Theodor Körner, Friedrich Friesen und Heinrich Hartmann auf Vorposten
Georg Friedrich Kersting (1785–1847), 1815, Öl auf Leinwand.
Nationalgalerie, Berlin, Staatliche Museen zu Berlin – Preußischer Kulturbesitz, Inv.-Nr. A II 327.
Foto/Digitalisat: Alte Nationalgalerie, Staatliche Museen zu Berlin, Jörg P. Anders, CC BY-NC-SA 4.0,
URL: https://smb.museum-digital.de/index.php?t=objekt&oges=143407

Abb. 20: Die Kranzwinderin
Georg Friedrich Kersting (1785–1847), 1815, Öl auf Leinwand.
Nationalgalerie, Berlin, Staatliche Museen zu Berlin – Preußischer Kulturbesitz, Inv.-Nr. A II 328.
Foto/Digitalisat: Alte Nationalgalerie, Staatliche Museen zu Berlin, Jörg P. Anders, CC BY-NC-SA 4.0,

In Erinnerung an seine im Befreiungskrieg gefallenen Freunde Theodor Körner (1791–1813), Karl Friedrich Friesen (1784–1814) und Heinrich Hartmann (1794–1813) schuf Georg Friedrich Kersting diese beiden Gedenkbilder. Wie die drei dargestellten Freunde war Kersting 1813, einem Aufruf Theodor Körners folgend, dem Lützowschen Freikorps beigetreten, in dessen Reihen auch Joseph von Eichendorff sowie die Maler Friedrich von Olivier, Philipp Veit und andere Künstler kämpften. Als ›Jäger zu Fuß‹ war Kersting von Gerhard von Kügelgen und Caspar David Friedrich mit Waffen und Geld ausgestattet worden. Goethe, der damals in Dresden weilte, erteilte ihm den Waffensegen.

Die beiden Gemälde sind als patriotisches Bekenntnis des Künstlers zu lesen und offenbaren zugleich seine Trauer über den Verlust der Kameraden. In »Auf Vorposten« haben Körner, Hartmann und Friesen am Rande eines lichten Eichenwaldes Posten bezogen. Sie tragen das 1813 von Schinkel entworfene Eiserne Kreuz. Die Eichen, schon seit dem 18. Jahrhundert ein Symbol des Heldentums, und die schwarz-rot-goldenen Uniformen deuten auf das neuerwachte deutsche Nationalgefühl hin. Feierliche Stille beherrscht die Szene; Gesichtsausdruck und Körperhaltung lassen die drei in sich gekehrt erscheinen, als seien sie der Welt bereits entrückt. Aufrecht stehend, mit dem Gewehr im Anschlag, lehnt Friesen an einer Eiche. Der links im Bild Pfeife rauchende Hartmann, ein 19jähriger Jurastudent aus Heidelberg, hatte gemeinsam mit Friesen und Kersting in der Schlacht an der Göhrde gekämpft. Sein Sterben musste Kersting miterleben. Der Dichter und Dramatiker Körner, hinter Hartmann sitzend, war in Dresden der Werber des Freikorps. In seinen Werken

197

hatte er gefordert, die Freiheit des Vaterlandes über das eigene Leben zu stellen. Nach seinem Tod erschien 1824 die Gedichtsammlung „Leyer und Schwert".

Im Pendantbild „Die Kranzwinderin" sitzt – wie eine Braut ganz in Weiß gekleidet – eine junge Frau unter Eichbäumen auf einem moosbewachsenen Felsbrocken am Ufer eines Waldbaches und flechtet Kränze. Grabstelen gleich stehen drei Eichen hinter ihr, in deren Rinde die Namen der gefallenen Lützower Jäger geschnitten sind. Zwei der Kränze sind bereits fertig, das Eichenlaub für den dritten liegt bereit. Kersting verlieh der Szene eine interieurhafte, intime Atmosphäre. Wie ein Tempel steht der Wald, vor dem die Trauernde für die Helden des Vaterlandes Ruhmeskränze windet. | Staatliche Museen zu Berlin – Preußischer Kulturbesitz

Abb. 21: Bildnis Karl Philipp Fohr
Druck, Radierung, 1818, gestochen von Samuel Amsler (1791–1845), H: 18,3 cm, B: 15,2 cm (Blattmaß). Sammlung Kupferstichkabinett, Ident.-Nr. 995-64.
Foto/Digitalisat: Kupferstichkabinett, Staatlichen Museen zu Berlin – Preußischer Kulturbesitz, Dietmar Katz, CC BY-NC-SA, URL: http://www.smb-digital.de/eMuseumPlus?service =ExternalInterface&module=collection&objectId=2267705&viewType =detailView

Abb. 22: Siegel der Jenaer Urburschenschaft
Siegel mit dem Zeichen der Jenaischen Burschenschaft: gekreuzte Schläger, Gründungsdatum (12. Juni 1815), 9 Vorsteher, 21 Ausschussmitglieder, 113 Mitglieder und Wahlspruch „Ehre – Freiheit – Vaterland", März 1818.
Foto/Digitalisat: Wikimedia Commons.

Abb. 23: Die Wartburg
P.Z., Fotochromdruck, Photoglob & Co, 1890–1900, Zürich,
H: 16,7 cm; B: 22,5 cm.
Museum für Kunst und Gewerbe Hamburg, Sammlung Fotografie
und neue Medien, Inv.-Nr. P1976.433.2.
Foto/Digitalisat: URL: https://sammlungonline.mkg-
hamburg.de/de/object/17507.-P.-Z.–Eisenach.-Die-
Wartburg./P1976.433.2/dc00042324

Abb. 24: Autodafé beim Wartburgfest 1817
Verbrennung militärischer Gegenstände auf der Wartburg 1817.
Reproduziert in: Jutta Krauss, Das Wartburgfest der Deutschen Bur-
schenschaft, Urheber unbekannt, Mitte 19. Jh.
Foto/Digitalisat: Wikipedia, 2016,
URL: https://de.wikipedia.org/wiki/Datei:VerbrennungMilitärischer
Gegenstände1817.JPG

Abb. 25: „Maliciöse Bildchen"
Beschreibung des Autodafé auf der Wartburg am 18.10.1817, Aus-
schnitt, mit Holzschnitten zu den verbrannten Gegenständen und
symbolischen Andeutung von Charakter- und Wesenszügen der
Verfasser der Schriften, symbolisch, ironisch und sarkastisch andeu-
ten. Siehe: Isis : Encyclopädische Zeitschrift von (Lorenz) Oken.
Nr. XI u. XII, 195.Stück, Sp. 1553–1559. Jena 1817.
Foto/Digitalisat: Thüringer Universitäts- und Landesbibliothek Jena
(ThULB), URL: https://zs.thulb.uni-
jena.de/rsc/viewer/jportal_derivate_00166986/Isis_1817_Bd01_793.tif

Abb. 26: Lieder von Deutschlands Burschen
Foto/Digitalisat: Bayerische Staatsbibliothek digital,
URL: http://mdz-nbn-resolving.de/urn:nbn:de:bvb:12-bsb10113949-1

Abb. 27: Christian Eduard Leopold Dürre

Frontispiz in: Ernst Friedrich Dürre (Hg.) : Christian Eduard Leopold Dürre. Aufzeichnungen, Tagebücher und Briefe aus einem deutschen Turner- und Lehrer-leben. Leipzig 1881, Verlag von Eduard Strauch.

Foto/Digitalisat: Bibliothek für Bildungsgeschichtliche Forschung des DIPF, Scripta Paedagogica Online SPO,

URL: https://goobiweb.bbf.dipf.de/viewer/object/497688883/11

Abb. 28–30: Lieder von Deutschlands Burschen
Wie Abb. 26.

Abb. 31–32: Die Burschenfahrt nach der Wartburg am 18. October 1817

Friedrich Förster: Die Burschenfahrt nach der Wartburg. Am 18. October 1817. Berlin [1817], 3 Bl. S. 176–187.

Foto/Digitalisat: Internet Archive, URL:

https://archive.org/details/GrundrissZurGeschichteDerDeutschenDich tungAusDenQuellen-2-14-1

Abb. 33: Arndts Wohnhaus um 1820

Heute Ernst-Moritz-Arndt-Haus, Bonn, Ansicht von Nordwesten mit den Weingärten, im Hintergrund das Siebengebirge. Joseph Neunzig, unsignierte Lithographie, ca. 1820, aus Neunizigs Stammblätterfolge.

Foto/Digitalisat: Wikimedia Commons, aus: Olga Sonntag: Villen am Bonner Rheinufer: 1819–1914, Bouvier, Bonn 1998, Band 2, Katalog (1), S. 5. URL: https://commons.wikimedia.org/wiki/File:Bonn_Ernst-Moritz-Arndt-Haus_um_1820.jpg

Der 18. und 19. März 1848 waren besonders blutige Revolutionstage in Berlin, auf Gewalt folgte Gegengewalt. Am 20. März dann wurde Wilhelm IV. genötigt, sich vor den aufgebahrten Toten zu verneigen. Adolph Menzel berichtete am 23. März an Carl Heinrich Arnold in Kassel: *»Sehr obligat haben unter anderem auch die Studenten und die hiesige Schützengilde gewirkt, die aus ihren großen Büchsen besser schossen als die Kommisgewehre der Infanterie. Außerdem Gesellen und Meister vieler Gewerke«* (Adolph Menzel, Briefe, Bd. 1, Berlin 2009, S. 245). Die Skizze zeigt die Studenten mit ihren verschiedenfarbigen Mützen, einen Trommler, auch beleibtere Kämpfer, aber ebenso schon Tote und Verletzte, darunter einen offensichtlich wohlsituierten Bürger. Wir sehen sie vor einer Barrikade, die Übermacht an Soldaten mit gezogenem Bajonett hinter der Barrikade verschwimmt in Rauch und Pulverdampf. Aus den Fenstern des »Café & Restaurant« schießen Aufständische in Richtung der Soldaten, auf dem Dach stehen Leute mit Steinen, eine Ecke des Cafés ist bereits demoliert, zwei Dachstühle brennen. Und Menzel fährt fort: *»Bedeutend zugerichtet sind einzelne Häuser z. B. eines in der Friedrichstraße, an dem ich 31 Kartätscheneinschläge zählte, aber die meisten unter Allen zeigt das Haus des Conditor d'Heureuse am Köln: Fischmarkte, der breiten Straße gegenüber, dort hatte eine Hauptbarrikade gestanden, [...] ich zählte mit Einschluß der Fensterscheiben über 190 Kartätschenlöcher, außerdem hatten Granaten 2 sehr bedeutende Lücken in die Eckmauer gerissen«* (ebd., S. 245).

Die gestürmte Barrikade in der Breiten Straße hielt dann Eduard Gaertner fest (Stiftung Stadtmuseum Berlin).

Die Studie der Nationalgalerie ist auf dem Boden des liegenden Fasses signiert und datiert: »S 48«. Das Monogramm verwendete Wilhelm Scholz, Schüler des Malers Karl Wilhelm Wach, der 1848 noch zum Mitgründer und zum Illustrator der Satirezeitschrift »Kladderadatsch« wurde. | Angelika Wesenberg

Abb. 35: Michel kehrt aus!
Karikatur, L. Blau & Co., Kreidelithografie, 1848 (Datierung),
H: 29,4; B: 23 cm. Historisches Museum Frankfurt, Inv. C14450.
Foto/Digitalisat: Horst Ziegenfusz, CC BY-SA,
URL: https://historisches-museum-frankfurt.de/de/node/33984

Die Symbole der Monarchie, Krone, Zepter und vieles mehr, wurden von der 1848er-Satire hinweggefegt. Auch der ‚Deutsche Michel' wurde zu einem Symbol der Deutschen Revolution. Der Michel mit Schlafmütze wurde bisher in anderen europäischen Ländern als abwertendes Bild für „den Deutschen" benutzt. Es wurde dann 1848 positiv umgedeutet: Michel, jetzt erwacht mit Jakobinermütze und Kokarde macht es endlich wie die Franzosen und entsorgt die Symbole der Monarchie. | Historisches Museum Frankfurt

Abb. 36: Modell der Frankfurter Paulskirche (1:50)
Um 1914, Nadelholz, Sperrholz, Karton, Kunststoff, gefasst,
H: 63 cm. Historisches Museum Frankfurt, Inv. X.1974.005
Foto/Digitalisat: Uwe Dettmar, CC BY-SA
URL: https://www.historisches-museum-frankfurt.de/node/33531

Die evangelische Hauptkirche Frankfurts, die Paulskirche, wurde von 1848 bis 1849 zum Parlamentssaal für die erste deutsche Nationalversammlung. Bei der Suche nach einem geeigneten Ort für die Nationalversammlung fiel der Blick auf die neu errichtete und 1833 eingeweihte Paulskirche. Sie war vom Stadtbaumeister Johann Friedrich Christian Hess (1785–1845) nach langer Bauzeit vollendet worden. Der im klassizistischen Stil gebaute, ovale Zentralbau besaß einen dreigeschossigen Turm auf der Südseite und zwei Treppenaufgänge im Norden. Der Kirchenraum war der modernste und größte Saal Frankfurts. Er bot ausreichend Platz für die zu erwartenden 649 Parlamentarier. Als die Nationalversammlung im Mai 1848 zu tagen begann, war der Innenraum zu einem Parlamentssaal mit Rednertribüne und Möbeln für die Stenografen und die Sitzungsleitung umgebaut worden. Der Altar war mit einem Tuch verhängt. Das gewaltige Transparent mit einer Germania, vom Frankfurter Künstler Philipp Veit (1793-1877) gemalt, verdeckte die Orgel. Um noch bessere Sitzungsbedingungen zu schaffen, wurde die Kirche von November 1848 bis Januar 1849 umgebaut. Für die Verbesserung der Akustik wurde eine neue Decke eingezogen. Gasbeleuchtung und Heizung wurden eingebaut. Während der Umbauphase tagte das Parlament in der Deutsch-Reformierten Kirche am Kornmarkt. Zum letzten Mal traf sich das Parlament am 30. Mai 1849 in der Paulskirche. Denn Preußen, Österreich und auch andere Staaten des Deutschen Bundes befahlen den Abgeordneten aus ihren Ländern, ihr Mandat niederzulegen, und traten der Revolution nun mit Militärgewalt entgegen. Die Stadt Frankfurt begann deshalb die Ausweisung der in der Stadt verbliebenen Abgeordneten vorzubereiten. Daraufhin flohen die Volksvertreter und die Nutzung der Paulskirche als Parlamentssitz war beendet. | Historisches Museum Frankfurt

Abb. 37: Ernst Moritz Arndt. Von dem Wort und dem Kirchenliede
Ernst Moritz Arndt : Von dem Wort und dem Kirchenliede nebst
geistlichen Liedern. Bonn 1819, bei Eduard Weber. Gedruckt in
Mainz bei Florian Kupferberg.
Foto/Digitalisat: Google Books,
URL: https://books.google.at/books?id=AtgTAAAAYAAJ

Abb. 38: „Nanni" Arndt – Anna Maria Schleiermacher (1786–1869)
Aus: Gaedertz: Was ich am Wege fand. Leipzig 1902, S. 9; vor 1870.
Foto/Digitalisat: Wikimedia Commons, URL:
https://commons.wikimedia.org/wiki/File:NannaSchleiermacher.jpg

Abb. 39: Ernst Moritz Arndt. Mährchen und Jugenderinnerungen.
Berlin 1818, Buchdeckel.
Gezeichnet und radiert von Wilhelm Hensel (1794–1861).
Foto/Digitalisat: Bayerische Staatsbibliothek digital,
http://mdz-nbn-resolving.de/urn:nbn:de:bvb:12-bsb10104692-8

Abb. 40. Lannerfalke, *falco biarmicus*.
Lannerfalken der Unterart *biarmicus*; links Altvogel und rechts Jung-
vogel mit bläulichen Krallen. John Gerrard Keulemans (1842–1912),
circa 1884, Druck. Aus: Edgar Leopold Layard's „Layard & Sharpe's
Birds of South Africa" (1884).
Foto/Digitalisat: Wikimedia Commons,
URL: https://commons.wikimedia.org/wiki/File:Falco_biarmicus01.jpg

Abb. 41–42 Illustrationen in Arndts Mährchen und
Jugenderinnerungen
Gezeichnet und radiert von Wilhelm Hensel (1794–1861), 1818.
Darstellungen: „Die Sieben Mäuse", „Klas Aventstaken", „Ratten-
könig", „Seekönigin", „Das Lilienmädchen" und „Erdwürmchen".

Foto/Digitalisat: Bayerische Staatsbibliothek digital,
URL: http://mdz-nbn-resolving.de/urn:nbn:de:bvb:12-bsb10104692-8

Wilhelm Hensel, deutscher Maler und Porträtist, studierte in Berlin und war der Ehemann von Komponistin Fanny Hensel (1805–1847), der Schwester des Komponisten Felix Mendelssohn Bartholdy. 1813 meldete er sich freiwillig zum Militärdienst und kämpfte, mehrfach verwundet, u.a. in der Schlacht bei Bautzen und der Völkerschlacht bei Leipzig. Er war 1813 und 1815 auch beim Einmarsch in Paris dabei, wo er die Gelegenheit nutzte die Kulturschätze der Pariser Museen zu studieren. Seine frühen Ölgemälde sind nazarenisch beeinflusst, sein gesamtes Schaffen steht im romantisierenden Realismus. Im Bereich des Porträts, die er mit photographischer Exaktheit ausführt, entfaltete er die Fülle seines Könnens. Bis heute haben sich über 1000 Porträts (mit Stift und Sepia) berühmter Zeitgenossen der Berliner Romantik von Wilhelm Hensel erhalten.

Abb. 43: Vater Arndt im neunzigsten Jahr, nach einer Photographie.
Aus: Die Gartenlaube. Heft 12, 13. Leipzig 1860. S. 189.
Foto/Digitalisat: Wikisource,
URL: https://de.wikisource.org/wiki/Vater_Arndt

Abb. 44: Allgemeines Deutsches Kommersbuch.
Lahr 1858, Titelblatt.
Foto/Digitalisat: Wikipedia,
URL: https://de.wikipedia.org/wiki/Datei:Allgemeines_Deutsches_Kommersbuch.jpg

Abb. 45–46: Das Rubenow-Denkmal
Ausschnitte aus einem Zeitungsbericht vom 11. Oktober 1856 über das Rubenow-Denkmal in: Illustrirte Zeitung Leipzig, N. 693, 11.

Oktober 1856, S. 240-242. Hier S. 241.

Foto/Digitalisat: Österreichische Nationalbibliothek, ANNO: Historische Zeitungen und Zeitschriften, URL: http://anno.onb.ac.at

Abb. 47: Arndt-Denkmal am Alten Zoll in Bonn
Foto/Digitalisat: Wikimedia Commons, 2017, Axel Kirch / CC BY-SA 4.0,
URL: https://commons.wikimedia.org/wiki/File:2017-08-23-bonn-brassertufer-alter-zoll-arndt-denkmal-10.jpg

Abb. 48: Arndt-Turm auf dem Rugard bei Bergen/Rügen
Hermann Eggert (1844–1920), Handzeichnung, Tusche aquarelliert auf Karton, H: 72,7 cm; B: 54,8 cm. Technische Universität Berlin Architekturmuseum, Inv. Nr. 913.
Foto/Digitalisat: TU Berlin, Architekturmuseum,
URL: https://architekturmuseum.ub.tu-berlin.de/index.php?p=79&Daten=84279

Abb. 49: Ernst-Moritz-Arndt-Haus in Bonn
Ansicht der Rheinfront mit rheinseitigem Garten, zwischen 1886 und 1909.
Foto/Digitalisat: Wikimedia Commons, aus: Olga Sonntag: Villen am Bonner Rheinufer: 1819–1914, Bouvier, Bonn 1998, ISBN 3-922832-21-0, Band 2, Katalog (1), S. 8,
URL: https://commons.wikimedia.org/wiki/File:Bonn_Ernst-Moritz-Arndt-Haus_1886-1909.jpg

Quellen und Literatur

Verwendete und eingesehene Schriften;
alle Links zuletzt geprüft am 01.10.2019.

* "Ernst Moritz Arndt Statue in Bonn verschönert"
06.01.2019, URL: https://de.indymedia.org/node/27910

ERNST MORITZ ARNDT

Ernst Moritz Arndt : Dissertatio historico-philosophica, sistens
momenta quaedam, quibus status civilis conta Russouii et aliorum
commenta defendi posse videtur. Gryphiae [Greifswald] 1800.
[Online] Universität Greifswald, Digitale Bibliothek Mecklenburg-
Vorpommern: URL: http://www.digitale-bibliothek-
mv.de/viewer/image/PPN625078705/

Ernst Moritz Arndt : Versuch einer Geschichte der Leibeigenschaft
in Pommern und Rügen. Nebst einer Einleitung in die alte teutsche
Leibeigenschaft. Berlin 1803, im Verlage der Realschulbuchhandlung.
[Online] Universität Greifswald, Digitale Bibliothek Mecklenburg-
Vorpommern: URL: http://www.digitale-bibliothek-
mv.de/viewer/image/PPN612297306/1

Ernst Moritz Arndt : Germanien und Europa. Altona 1803, bei J. F.
Hammerich.
[Online] Bayerische Staatsbibliothek digital,
URL: http://mdz-nbn-resolving.de/urn:nbn:de:bvb:12-bsb10811069-2

Ernst Moritz Arndt : Ernst Moritz Arndts Reisen durch einen Theil Teutschlands, Ungarns, Italiens und Frankreichs in den Jahren 1798 und 1799. Leipzig 1804, bey Heinrich Gräff. 4 Theile.
[Online] Universität Greifswald, Digitale Bibliothek Mecklenburg-Vorpommern:
URL: http://www.digitale-bibliothek-mv.de/viewer/toc/PPN613029038/

Ernst Moritz Arndt : Ideen über die höchste historische Ansicht der Sprache, entwickelt in einer Rede am hohen Geburtstagsfeste unsers allerdurchlauchtigsten, großmächtigsten Königs und Herrn Gustav IV. Adolphs, am 1sten November 1804. Greifswald [1805], gedruckt bei J. H. Eckhardt.
[Online] Universität Greifswald, Digitale Bibliothek Mecklenburg-Vorpommern, URL: http://www.digitale-bibliothek-mv.de/viewer/image/PPN614455146/

Ernst Moritz Arndt : Fragmente über Menschenbildung. 2 Theile. Altona 1805, bey J. F. Hammerich.
[Online] Bayerische Staatsbibliothek digital:
URL: http://mdz-nbn-resolving.de/urn:nbn:de:bvb:12-bsb10762143-4 (Theil1)
URL: http://mdz-nbn-resolving.de/urn:nbn:de:bvb:12-bsb10762144-0 (Theil2)

Ernst Moritz Arndt : Reise durch Schweden im Jahr 1804. Berlin 1806. 4 Bde.
[Online] Universität Greifswald, Digitale Bibliothek Mecklenburg-Vorpommern, URL: http://www.digitale-bibliothek-mv.de/viewer/toc/PPN61231796X/

Ernst Moritz Arndt : Geist der Zeit. 1. Theil. Altona 1806.
[Online] Universität Greifswald, Digitale Bibliothek Mecklenburg-
Vorpommern, URL: http://www.digitale-bibliothek-
mv.de/viewer/image/PPN613009444/1

Ernst Moritz Arndt : Geist der Zeit. 2. Theil. London, Berlin 1813,
bei Th. Boosen.
[Online] Universität Greifswald, Digitale Bibliothek Mecklenburg-
Vorpommern, URL: http://www.digitale-bibliothek-
mv.de/viewer/image/PPN625847970/1

Ernst Moritz Arndt : Geist der Zeit. 3. Theil. London, Berlin 1813.
[Online] Universität Greifswald, Digitale Bibliothek Mecklenburg-
Vorpommern, URL: http://www.digitale-bibliothek-
mv.de/viewer/image/PPN613015738/1

Ernst Moritz Arndt : Geist der Zeit. 4. Theil: Berlin 1818,
bei G. Reimer.
[Online] Universität Greifswald, Digitale Bibliothek Mecklenburg-
Vorpommern,
URL: http://www.digitale-bibliothek-
mv.de/viewer/image/PPN613023250/1

Anonym [Ernst Moritz Arndt] : Kurzer Katechismus für den
teutschen Kriegs- und Wehrmann. [St. Petersburg] 1812. [=1. Fas-
sung] Mikrofilm-Ausgabe im Dt. Volksliedarchiv i. Freiburg i. Br.,
1999.; kein Digialisat vorhanden.
[Online] Lit. Zit. Gemeinsamer Verbund Katalog GVK,
URL: https://kxp.k10plus.de/DB=2.1/PPNSET?PPN=019218435

Ernst Moritz Arndt : Kurzer Katechismus für teutsche Soldaten :
nebst zwei Anhängen von Liedern. Königsberg 1813. [=2. Fassung.]
[Online] Bayerische Staatsbibliothek digital,
URL: http://mdz-nbn-resolving.de/urn:nbn:de:bvb:12-bsb10015232-6

Ernst Moritz Arndt : Katechismus für den teutschen Kriegs- und
Wehrmann, worin gelehret wird, wie ein christlicher Wehrmann
seyn und mit Gott in den Streit gehen soll. August 1813.
[=3. Fassung]
[Online] Bayerische Staatsbibliothek digital,
URL: http://mdz-nbn-resolving.de/urn:nbn:de:bvb:12-bsb10015234-7

Anonym [Ernst Moritz Arndt] : An die Preussen. Königsberg 1813.
[Online] Universität Greifswald, Digitale Bibliothek Mecklenburg-
Vorpommern, URL: http://www.digitale-bibliothek-
mv.de/viewer/resolver?urn=urn:nbn:de:gbv:9-g-4880522

Ernst Moritz Arndt : Ueber Volkshaß und über den Gebrauch einer
fremden Sprache. Leipzig 1813.
[Online] Universität Greifswald, Digitale Bibliothek Mecklenburg-
Vorpommern, URL: http://www.digitale-bibliothek-
mv.de/viewer/image/PPN621099651/1

Ernst Moritz Arndt : Der Rhein, Teutschlands Strom, nicht Deutschlands Gränze. Leipzig 1813, bei Wilhelm Rein.
[Online] Universität Greifswald, Digitale Bibliothek Mecklenburg-
Vorpommern, URL: http://www.digitale-bibliothek-
mv.de/viewer/image/PPN614490529/1

Ernst Moritz Arndt : Was bedeutet Landsturm und Landwehr? Nebst einer Auf-forderung an teutsche Jünglinge und Männer zum Kampfe für Teutschlands Freiheit von Justus Gruner. 1813.
[Online] Universität Greifswald, Digitale Bibliothek Mecklenburg-Vorpommern, URL: http://www.digitale-bibliothek-mv.de/viewer/image/PPN626209129/1

Ernst Moritz Arndt : Lieder für Teutsche. Im Jahre der Freiheit 1813. Leipzig 1813, J. B. G. Fleischer.
[Online] Bayerische Staatsbibliothek digital,
URL: http://mdz-nbn-resolving.de/urn:nbn:de:bvb:12-bsb10717524-0

Ernst Moritz Arndt : Ein Wort über die Feier der Leipziger Schlacht. Frankfurt am Main 1814, bei P.W. Eichenberg.
[Online] Bayerische Staatsbibliothek digital,
URL: http://mdz-nbn-resolving.de/urn:nbn:de:bvb:12-bsb10015248-3

Ernst Moritz Arndt : Ueber Sitte, Mode und Kleidertracht. Ein Wort aus der Zeit. Frankfurt am Main 1814, bei Bernhard Körner.
[Online] Bayerische Staatsbibliothek digital,
URL: http://mdz-nbn-resolving.de/urn:nbn:de:bvb:12-bsb10015243-6

Ernst Moritz Arndt : Entwurf einer teutschen Gesellschaft. Frankfurt am Main 1814, Eichenberg.
[Online] Bayerische Staatsbibliothek digital,
URL: http://mdz-nbn-resolving.de/urn:nbn:de:bvb:12-bsb10015222-1

Ernst Moritz Arndt : Über künftige ständische Verfassungen in Teutschland. Frankfurt a. M. 1814.
[Online] Bayerische Staatsbibliothek digital,
URL: http://mdz-nbn-resolving.de/urn:nbn:de:bvb:12-bsb10728767-7

Ernst Moritz Arndt : Der Wächter : Eine Zeitschrift, in zwanglosen Heften. I. Bd., I. Heft, Köln 1815, bei Heinrich Rommerskirchen. [Online] Bayerische Staatsbibliothek digital, URL: http://mdz-nbn-resolving.de/urn:nbn:de:bvb:12-bsb11259159-5

Ernst Moritz Arndt : Über den deutschen Studentenstaat. Köln 1815. In: Der Wächter : Eine Zeitschrift, in zwanglosen Heften. I. Bd., IV. Heft. Köln 1815, bei Heinrich Rommerskirchen. S. 317–383. [Online] Bayerische Staatsbibliothek digital, URL: https://reader.digitale-sammlungen.de/de/fs1/object/display/bsb11259159_00339.html

Ernst Moritz Arndt : Der Wächter : Eine Zeitschrift, in zwanglosen Heften. II. Bd., I. Heft. Köln 1815, bei Heinrich Rommerskirchen. [Online] Bayerische Staatsbibliothek digital, URL: http://mdz-nbn-resolving.de/urn:nbn:de:bvb:12-bsb11259160-7

Ernst Moritz Arndt : Geist der Zeit. Vierther Teil. Berlin 1818, bei G. Reimer. [Online] Bayerische Staatsbibliothek digital, URL: http://mdz-nbn-resolving.de/urn:nbn:de:bvb:12-bsb11247038-7

Ernst Moritz Arndt : Mährchen und Jugenderinnerungen. Erster Theil. Mit Kupfern. Berlin 1818, in der Realschulbuchhandlung. [Online] Bayerische Staatsbibliothek digital, URL: http://mdz-nbn-resolving.de/urn:nbn:de:bvb:12-bsb10104692-8

Ernst Moritz Arndt : Von dem Wort und dem Kirchenliede nebst geistlichen Liedern. Bonn 1819, bei Eduard Weber. Gedruckt in Mainz bei Florian Kupferberg.

[Online] Google Books,
URL: https://books.google.at/books?id=AtgTAAAAYAAJ

Ernst Moritz Arndt : Erinnerungen aus dem äußeren Leben. Leipzig
1840, Weidmannsche Buchhandlung.
[Online] Bayerische Staatsbibliothek digital,
URL: http://mdz-nbn-resolving.de/urn:nbn:de:bvb:12-bsb10061432-1

Ernst Moritz Arndt : Mährchen und Jugenderinnerungen. Zweiter
Theil. Mit Kupfern. Berlin 1843, Druck und Verlag von G. Reimer.
[Online] Universitäts- und Stadtbibliothek Köln, URL:
http://www.ub.uni-koeln.de/cdm/ref/collection/westerholt/id/124686

Ernst Moritz Arndt : Notgedrungener Bericht aus seinem Leben und
aus und mit Urkunden der demagogischen und antidemagogischen
Umtriebe. Leipzig 1847, Weidmannsche Buchhandlung.
[Online] Universität Greifswald, Digitale Bibliothek Mecklenburg-
Vorpommern, URL: http://www.digitale-bibliothek-
mv.de/viewer/resolver?urn=urn:nbn:de:gbv:9-g-4483162

Ernst Moritz Arndt : Das verjüngte, oder vielmehr das zu verjüngen-
de Deutschland, ein Büchlein für den lieben Bürgers- und Bauers-
Mann. Bonn 1848, bei Adolph Marcus.
[Online] Universität Greifswald, Digitale Bibliothek Mecklenburg-
Vorpommern, URL: http://www.digitale-bibliothek-
mv.de/viewer/image/PPN625849787/1

Ernst Moritz Arndt : Reden und Glossen. Leipzig 1848, Weidmann-
sche Buchhandlung.
[Online] Bayerische Staatsbibliothek digital,
URL: http://mdz-nbn-resolving.de/urn:nbn:de:bvb:12-bsb10558424-0

Ernst Moritz Arndt : Blätter der Erinnerung : meistens um und aus der Paulskirche in Frankfurt. Leipzig 1849, Weidmannsche Buchhandlung.
[Online] Bayerische Staatsbibiliothek digital,
URL: http://mdz-nbn-resolving.de/urn:nbn:de:bvb:12-bsb10104696-0

Ernst Moritz Arndt : Geistliche Lieder. Berlin 1855, Weidmannsche Buchhandlung.
[Online] Universität Greifswald, Digitale Bibliothek Mecklenburg Vorpommern, URL: http://www.digitale-bibliothek-mv.de/viewer/image/PPN614224624/1

Ernst Moritz Arndt : Meine Wanderungen und Wandelungen mit dem Reichsfreiherrn Heinrich Karl Friedrich von Stein. Berlin 1858, Weidmannsche Buchhandlung.
[Online] Bayerische Staatsbibiliothek digital,
URL: http://mdz-nbn-resolving.de/urn:nbn:de:bvb:12-bsb10067125-6

[Gedichte von Ernst Moritz Arndt] : Vollständige Sammlung. Mit der Handschrift des Dichters aus seinem 90. Jahr. Berlin 1860, Weidmannsche Buchhandlung.
[Online] Bayerische Staatsbibliothek digital,
URL: http://mdz-nbn-resolving.de/urn:nbn:de:bvb:12-bsb10104698-1

Allgemeine Zeitung : Beilage zur Allgemeinen Zeitung. München 1814 [1] [Donnerstag, 17. Febr. 1814]. S. 59–60.
[Online] Google Books,
URL: https://books.google.at/books?id=HcFDAAAAcAAJ

Aufruf des Königs von Preußen Friedrich Wilhelm III. „An Mein Volk!“ (17.03.1813).
[Online] documentArchiv.de [Hg.],
URL: http://www.documentArchiv.de/nzjh/preussen/1813/an-mein-volk_friedrich-wilhelmIII-aufruf.html

Johann Gottlieb Fichte : Reden an die deutsche Nation. Berlin 1808, in der Realschulbuchhandlung.
[Online] DTA – Deutsches Textarchiv, Berlin-Brandenburgische Akademie der Wissenschaften, URL:
http://www.deutschestextarchiv.de/book/show/fichte_reden_1808

J. H. Fichte (Hg.) : Johann Gottlieb Fichte's Sämmtliche Werke. Herausgegeben von J. H. Fichte. Zweite Abtheilung. B. Zur Religionsphilosophie. 3. Bd. Berlin 1845, Veit und Comp.
[Online] Google Books,
URL: https://books.google.at/books?id=iEcJAAAAQAAJ

Johann Wolfgang von Goethe : Allgemeines Volkslied am 18. und 19. Oktober. Von Göthe. Regensburg 1814, Zu haben bey Heinrich Augustin.
[Online] Bayerische Staatsbibliothek digital,
URL: http://mdz-nbn-resolving.de/urn:nbn:de:bvb:12-bsb11073024-5

Karl Hoffmann zu Rödelheim (Hg.) : Des Teutschen Volkes feuriger Dank- und Ehrentempel oder Beschreibung wie das aus zwanzigjähriger französischer Sklaverei durch Fürsten-Eintracht und Volkskraft gerettet Teutsche Volk die Tage der entscheidenden Völker- und Rettungsschlacht bei Leipzig am 16. und 19. Oktober 1814 zum ersten male gefeiert hat. Gesammelt und herausgegeben von Karl Hoffmann zu Rödelheim. Offenbach, gedruckt mit Brede'schen Schriften. 1815.
[Online] Bayerische Staatsbibliothek digital,
URL: http://mdz-nbn-resolving.de/urn:nbn:de:bvb:12-bsb10016126-2.

Karl Hoffmeister : Beschreibung des Festes auf der Wartburg: ein Sendschreiben an die Gutgesinnten. Gedruckt in Deutschland und für Deutsche. 1818.
[Online] Bayerische Staatsbibliothek digital,
URL: http://mdz-nbn-resolving.de/urn:nbn:de:bvb:12-bsb10017060-1

Lorenz Oken : Isis : encyclopädische Zeitschrift, vorzüglich für Naturgeschichte, vergleichende Anatomie u. Physiologie. 1817–1848.
[Online] Thüringer Universitäts- und Landesbibliothek (ThULB),
URL: https://zs.thulb.uni-jena.de/receive/jportal_jpjournal_00000024

Friedrich Ludwig Jahn : Deutsches Volksthum. Lübeck 1810, bei Niemann und Comp.
[Online] DTA – Deutsches Textarchiv, Berlin-Brandenburgische Akademie der Wissenschaften, URL:
http://www.deutschestextarchiv.de/book/view/jahn_volksthum_1810

[Friedrich Ludwig Jahn] : Deutsche Wehrlieder : für das Königlich Preussische Frey-Corps herausgegeben, Erste Sammlung. Berlin, Ostern 1813.
[Online] Bayerische Staatsbibliothek digital,
URL: http://mdz-nbn-resolving.de/urn:nbn:de:bvb:12-bsb11144383-2

Georg Kieser : Das Wartburgfest am 18. October 1817. In seiner Entstehung, Ausführung und Folgen. Nach Actenstücken und Augenzeugnissen von Dr. D. G. Kieser. Nebst einer Apologie der akademischen Freiheit und 15 Beilagen. Jena 1818, bei Friedrich Frommann.
[Online] Bayerische Staatsbibliothek digital,
URL: http://mdz-nbn-resolving.de/urn:nbn:de:bvb:12-bsb10737293-2

Lieder von Deutschlands Burschen zu singen auf der Wartburg : am achtzehnten Oktober des Reformationjubeljahrs 1817. Jena 1817.
[Online] Bayerische Staatsbibliothek digital,
URL: http://mdz-nbn-resolving.de/urn:nbn:de:bvb:12-bsb10113949-1

J.D.F. Mannsdorf (d.i. Johann Daniel Ferdinand Neigebaur): Aktenmäßiger Bericht über den geheimen deutschen Bund und das Turnwesen nebst einleitenden Bemerkungen über die früheren geheimen Verbindungen. (Auch: Geschichte der geheimen Verbindungen der neuesten Zeit.) Leipzig 1831, Verlag von Johann Ambrosius Barth.
[Online] Bayerische Staatsbibliothek digital,
URL: http://mdz-nbn-resolving.de/urn:nbn:de:bvb:12-bsb10407970-3
[Online] Google Books,
URL: https://books.google.at/books?id=5MZBAAAAcAAJ

Anonym [Hans Ferdinand Maßmann] : Kurze und wahrhaftige
Beschreibung des großen Burschenfestes auf der Wartburg bei
Eisenach am 18. und 19. des Siegesmonds 1817. Nebst Reden und
Liedern. Gedruckt in diesem Jahr. [Jena] 1817, [Frommann]
[Online] Bayerische Staatsbibliothek digital,
URL: http://mdz-nbn-resolving.de/urn:nbn:de:bvb:12-bsb10737101-3

Albert Methfessel : Allgemeines Commers- und Liederbuch mit
Melodieen: enthaltend ältere und neue Burschenlieder, Trinklieder,
Vaterlandsgesänge, Kriegs- und Turnlieder. Rudolstadt 1818.
[Online] Staatsbibliothek zu Berlin, Preußischer Kulturbesitz,
URL: http://resolver.staatsbibliothek-berlin.de/SBB000143E300000000

Lorenz Oken : *Der Studentenfrieden auf der Wartburg.* In: Isis :
Encyclopädische Zeitschrift von (Lorenz) Oken. Nr. XI u. XII,
195.Stück, Sp. 1553–1559. Jena 1817.
[Online] Thüringer Universitäts- und Landesbibliothek Jena
(ThULB), URL: https://zs.thulb.uni-
jena.de/rsc/viewer/jportal_derivate_00166986/Isis_1817_Bd01_793.tif

Ludwig Roediger : Ein deutsches Wort an Deutschland's Burschen
gesprochen vor dem Feuer auf dem Wartenberg bei Eisenach am
achtzehnten des Siegesmondes im Jahr 1817 dem dritten Jubeljahr
der Geistesfreiheit. Jena 1817.
[Online] Bayerische Staatsbibliothek digital,
URL: http://mdz-nbn-resolving.de/urn:nbn:de:bvb:12-bsb10734799-9

Wartburgfestlieder 1817

[Online] Thüringer Universitäts- und Landesbibliothek Jena (ThULB), Collections UrMEL (Universal Mulitmedia Electronic Library), URL: https://archive.thulb.uni-jena.de/collections/receive/HisBest_cbu_00034105

QUELLEN 1820–1910

Anton Bettelheim (Hg.) : Biographische Blätter. Jahrbuch für lebensgeschichtliche Kunst und Forschung. Unter ständiger Mitwirkung von Michael Bernays u.a. Berlin 1895, E. Hofmann & Co. Darin: Luise von Benda : Fünf Briefe Ernst Moritz Arndts. Mitgetheilt von Luise von Benda. S. 448–452.

[Online] Internet Archive, URL: https://archive.org/details/bub_gb_3LQ-AAAAYAAJ

Ernst Friedrich Dürre (Hg.) : Christian Eduard Leopold Dürre. Aufzeichnungen, Tagebücher und Briefe aus einem deutschen Turner- und Lehrerleben. Leipzig 1881, Verlag von Eduard Strauch.

[Online] Bibliothek für Bildungsgeschichtliche Forschung des DIPF, Scripta Paedagogica Online SPO, URL: https://goobiweb.bbf.dipf.de/viewer/resolver?urn=urn:nbn:de:0111-bbf-spo-18855569

Gustav Freytag : „Arndt, Ernst Moritz", in: Allgemeine Deutsche Biographie, herausgegeben von der Historischen Kommission bei der Bayerischen Akademie der Wissenschaften, Band 1 (1875), S. 541–548.

[Online] Digitale Volltext-Ausgabe in Wikisource, URL:

https://de.wikisource.org/w/index.php?title=ADB:Arndt,_Ernst_Morit
z&oldid

Hermann Grieben : Vater Arndt's Witwe. Persönliche Erinnerungen
von Hermann Grieben. Leipzig 1871.
[Online] Universität Greifswald, Digitale Bibliothek Mecklenburg-
Vorpommern, URL: http://www.digitale-bibliothek-
mv.de/viewer/image/PPN62678073X/1/

Gustav Albert Hoefer : Ernst Moritz Arndt und die Universität
Greifswald zu Anfang unseres Jahrhunderts: Ein Stück aus seinem
und ihrem Leben. Mit einem Anhange aus Arndts Briefen. Berlin
1863, Weidmannsche Buchhandlung.
[Online] Google Books,
URL: https://books.google.at/books?id=MHo9AQAAIAAJ

Robert Keil : Das October-Jubiläum auf der Wartburg (= 50 Jahre
Wartburgfest 18. Oktober 1867). In: Ernst Keil (Hg.) : Die Garten-
laube. Heft 30 und 31. Leipzig 1867. S. 473–475, 478 und 487–489.
[Online] Digitale Volltext-Ausgabe in Wikisource,
URL: https://de.wikisource.org/wiki/Das_October-
Jubiläum_auf_der_Wartburg

Robert und Richard Keil : Die burschenschaftlichen Wartburgfeste
von 1817 und 1867. Erinnerungsblätter von Robert und Richard
Keil, mit Originalbeiträgen von Hofmann, Riemann und Zober und
dem Facsimile der Präsenzliste von 1817. Jena 1869, Mauke's Verlag
(Hermann Dufft.).
[Online] Google Books,
URL: https://books.google.at/books?id=97pbAAAAcAAJ

Eduard Emil Koch : Geschichte des Kirchenlieds und Kirchenge-
sangs der christlichen, insbesondere der deutschen evangelischen
Kirche. Erster Haupttheil. Die Dichter und Sänger. Bd. VII. 3. um-
gearbeitete, durchaus vermehrte Auflage. Stuttgart 1872, Georg
Olms Verlag.
[Online] Bayerische Staatsbibliothek digital,
URL: http://mdz-nbn-resolving.de/urn:nbn:de:bvb:12-bsb11010676-8

Eduard Langberg : Ernst Moritz Arndt. Sein Leben und seine Schrif-
ten. Bonn 1865, bei Eduard Weber.
[Online] Internet Archive,
URL: https://archive.org/details/bub_gb_mUfRKJZHmEcC/page/n7

Heinrich Meisner, Robert Geerds : Ernst Moritz Arndt. Ein Lebens-
bild in Briefen. Nach ungedruckten und gedruckten Originalen.
Berlin 1898, Verlag von Georg Reimer.
[Online] Internet Archive,
URL: https://archive.org/details/ernstmoritzarnd00geergoog/page/n9

Heinrich Pröhle: Friedrich Ludwig Jahns Leben. Berlin 1855, Verlag
von Franz Duncker.
[Online] Zentral- und Landesbibliothek Berlin,
URL: https://nbn-resolving.de/urn:nbn:de:kobv:109-opus-105636

Eudolf Reicke, Ernst Wichert (Hg.) : Altpreussische Monatsschrift
neue Folge. Der Neuen Preussischen Provinzial. Blätter vierte Folge.
Bd. 30. Königsberg in Pr. 1893, Verlag von Ferd. Beyer's Buchhandlung. (Thomas & Oppermann). Darin: A[lexander] Treichel : Provinzielle Sprache zu und von Thieren und ihren Namen. S.309–338.
[Online] Internet Archive, URL:
https://archive.org/details/bub_gb_hsQOAAAAYAAJ/page/n327

Hermann und Moritz Schauenburg : Allgemeines Deutsches
Kommersbuch. Lahr 1858.
[Online] 4. Aufl. 1859 mit 456 Liedern. Google Books,
URL: https://books.google.de/books?id=hNZWAAAAcAAJ

Daniel Schenkel : Ernst Moritz Arndt, ein politischer und religiöser
deutscher Charakter. Elberfeld 1866, Verlag von R. L. Friderichs.
[Online] Google Books,
URL: https://books.google.at/books?id=FOM5AAAAcAAJ

Gustav Heinrich Schneider: Die Burschenschaft Germania zu Jena.
Jena 1897.
[Online] New York Public Library, Internet Archive,
URL: https://archive.org/details/bub_gb_6OA-AAAAYAAJ

WEITERE QUELLEN & LITERATUR

Hans-Joachim Bartmuß, Josef Ulfkotte : Nach dem Turnverbot:
„Turnvater" Jahn zwischen 1819 und 1852. Köln, Wien, Weimar
2011, Böhlau.

Peter Brandt : Die Befreiungskriege von 1813 bis 1815 in der deut-
schen Geschichte. In: Michael Grüttner u.a. (Hg.) : Geschichte und
Emanzipation. Festschrift für Reinhard Rürup. Frankfurt am Main,
New York 1999, Campus Verlag. S. 83–115.
[Online] Digitale Bibliothek der Friedrich Ebert Stiftung,
URL: https://www.fes.de/fulltext/historiker/00671003.htm

Werner Bergmann : Jahn, Friedrich Ludwig. Pädagoge, Begründer
der Turnerbewegung, Politiker und Schriftsteller. In: Wolfgang
Benz (Hg.): Handbuch des Antisemitismus : Judenfeindschaft in

Geschichte und Gegenwart. Bd. 2, 2. Berlin 2009, De Gruyter Saur.
S. 403–407.

Alf Christophersen : Friedrich Lücke (1791–1855): Teil 1: Neutestamentliche Hermeneutik und Exegese im Zusammenhang mit seinem
Leben und Werk. Teil 2: Dokumente und Briefe. Berlin 2015, Walter
de Gruyter. (=Bayer, O. u.a. (Hg.) : Theologische Bibliothek Töpelmann. Bd. 94/1. Berlin, New York 1999, Walter de Gruyter.)
[Online] Google Books,
URL: https://books.google.at/books?id=vYDyCQAAQBAJ

Jörg Echternkamp : Der Aufstieg des deutschen Nationalismus
(1770–1840). Frankfurt/Main; New York: Campus Verlag, 1998.
[Online] Google Books
URL: https://books.google.at/books?id=Rw_l1smQfHAC

Karen Hagemann : „Mannlicher Muth und teutsche Ehre" : Nation,
Militär und Geschlecht zur Zeit der antinapoleonischen Kriege Preu-
ßens. Paderborn, München [u.a.] 2002, Ferdinand Schöningh.
(=Krieg in der Geschichte (KRiG), Bd. 8.)
[Online] Bayerische Staatsbibliothek digital, Digi 20,
URL: https://digi20.digitale-
sammlungen.de/de/fs1/object/display/bsb00045265_00001.html

Herman Haupt : Karl Follen und die Gießener Schwarzen. Beiträge
zur Geschichte der politischen Geheimbünde und der Verfassungs-
Entwicklung der alten Burschenschaft in den Jahren 1815–1819.
Gießen 1907, Verlag Alfred Töpelmann.
[Online] Google Books,
URL: https://books.google.at/books?id=jYddDwAAQBAJ

Herman Haupt (Hg.) : Quellen und Darstellungen zur Geschichte der Burschenschaft und der deutschen Einheitsbewegung. Bd. 1. 1910, C. Winter.

Jürgen Heidrich : Protestantische Kirchenmusikanschauung in der zweiten Hälfte des 18. Jahrhunderts: Studien zur Ideengeschichte „wahrer" Kirchenmusik. Göttingen 2001, Vandenhoeck & Ruprecht. [Online] Google Books, URL: https://books.google.at/books?id=r9DMu9aeXL0C

Richard Hemmer und Daniel Meßner : Die Hep-Hep-Unruhen von 1819. [22.11.2017] [Online] Spektrum.de, URL: https://www.spektrum.de/podcast/die-hep-hep-unruhen-von-1819/1633104

Wolfgang Herbst, Ilsabe Seibt (Hg.) : Liederkunde zum Evangelischen Gesangbuch. Heft 15. Ausgabe in Einzelheften. Göttingen 2009, Vandenhoeck & Ruprecht.

Rebekka Horlacher, Daniel Tröhler (Hg.) : Sämtliche Briefe an Johann Heinrich Pestalozzi. Kritische Ausgabe, Bd. 6, 1821–1827, Nachträge. Zürich, 2015, NZZ, De Gruyter Oldenbourg.

Ernst Rudolf Huber : Deutsche Verfassungsgeschichte seit 1789. Bd. 1. Reform und Restauration 1789–1830. 2. Aufl., Stuttgart 1967.

Hannelore Gärtner : Das Rubenow-Denkmal in Greifswald. Eine Fallstudie. Stiftung Preußische Schlösser und Gärten Berlin-Brandenburg. Jahrbuch Bd. 1. 1995/1996.

[Online] Perspectiva.net. Die Publikationsplattform der Max Weber Stiftung,
URL: https://www.perspectivia.net/publikationen/spsg-jb/1-1995-1996/0111-0118

Erich Gülzow (Hg.) : Pommersches Schrifttum. Denkmäler pommerscher Geschichte, Dichtung und Mundart. 3. Bd. Karlsruhe 1931, Verlag Dr. Karl Moninger. Darin: Ernst Moritz Arndt : Rügen-Märchen. Erste vollständige Sammlung aller auf Rügen spielenden Arndtschen Märchen. Mit vier Abbildungen von Hermann Kupferschmid.
[Online] Projekt Gutenberg,
URL: tps://gutenberg.spiegel.de/buch/rugen-marchen-8499/1

Herbert Jacob (Hg.) : Grundriss zur Geschichte der Deutschen Dichtung aus den Quellen von Karl Goedeke. Zweite, ganz neu bearbeitete Auflage, Band XIV, Achtes Buch: Vom Frieden 1815 bis zur französischen Revolution 1830: Dichtung der allgemeinen Bildung. Abt. VII. Berlin 2011, Akademie Verlag. Darin: Friedrich Förster: Die Burschenfahrt nach der Wartburg. Am 18. October 1817. Berlin [1817], 3 Bl. S. 176–187.
[Online] Internet Archive, URL:
https://archive.org/details/GrundrissZurGeschichteDerDeutschenDichtungAusDenQuellen-2-14-1

Christian Jansen, Henning Borggräfe : Nation – Nationalität – Nationalismus. Historische Einführungen. Frankfurt, New York 2007, Campus Verlag.
[Online] Google Books,
URL: https://books.google.at/books?id=wvDlAgAAQBAJ

Peter Kaupp : „*Aller Welt zum erfreulichen Beispiel.*" Das Wartburgfest von 1817 und seine Auswirkungen auf die demokratischen deutschen Verfassungen. Dieburg 2003.
[Online] Gesellschaft für burschenschaftliche Geschichtsforschung
e. V., URL:
http://www.burschenschaftsgeschichte.de/pdf/kaupp_wartburgfest.pdf

Arnd Krüger : Sport und Politik. Vom Turnvater Jahn zum Staatsamateur. Hannover 1975, Fackelträger-Verlag.

Dieter Langewiesche, Georg Schmidt : Föderative Nation: Deutschlandkonzepte von der Reformation bis zum Ersten Weltkrieg. München 2000, De Gruyter Oldenbourg. Darin: Joachim Bauer : Student
und Nation im Spiegel des Landesvater-Liedes. S. 135–155.

Klaus Lemke-Paetznick : Kirche in revolutionärer Zeit: Die Staats-
kirche in Schleswig und Holstein 1789–1851. Berlin/Boston 2012,
Walter de Gruyter.
[Online] Google Books,
URL: https://books.google.at/books?id=mr2gcb70HzsC

Kurt Lindner (Hg.) : Von Falken Hunden und Pferden : Deutsche
Albertus-Magnus-Übersetzungen aus der ersten Hälfte des 15. Jahr-
hunderts. Quellen und Studien zur Geschichte der Jagd. Teil II.
Berlin 1962, Walter de Gruyter.
[Online] Google Books,
URL: https://books.google.at/books?id=m4NdDwAAQBAJ

Harald Lönnecker : Johannes Hohlfeld (1888–1950). Deutscher Sänger, Genealoge und Politiker. Koblenz 2000.
[Online] Gesellschaft für burschenschaftliche Geschichtsforschung e. V., URL:
http://www.burschenschaftsgeschichte.de/pdf/loennecker_hohlfeld.pdf

Harald Lönnecker : *„Unzufriedenheit mit den bestehenden Regierungen unter dem Volke zu verbreiten"*. Politische Lieder der Burschenschaften aus der Zeit zwischen 1820 und 1850. Frankfurt am Main 2003.
[Online] Gesellschaft für burschenschaftliche Geschichtsforschung e. V., URL:
http://www.burschenschaftsgeschichte.de/pdf/loennecker_politische_lieder.pdf

Tilman Mayer, Dagmar Schulze Heuling (Hg.) : Über Bonn hinaus – Die ehemalige Bundeshauptstadt und ihre Rolle in der deutschen Geschichte. Baden-Baden 2017. Darin: Norbert Schloßmacher : Ernst Moritz Arndt. Ein Denkmal setzen – die Wacht am Rhein. S. 35–58.
[Online] Quelle: Stadtmuseum Bonn. Bonner Persönlichkeiten, URL: https://www.bonn.de/bonn-erleben/kunst-kultur/ernst-moritz-arndt.php

Siegfried Neumann : Erzählwelten: Fakten und Fiktionen im mündlichen und literarischen Erzählen. Beiträge zur volkskundlichen Erzählforschung. Rostock 2018, Waxmann Verlag. (=Rostocker Beiträge zur Volkskunde und Kulturgeschichte, Bd. 8.). Darin: Ernst Moritz Arndt und seine Mährchen und Jugenderinnerungen. Erzählungen zwischen Volksdichtung und Literatur. S. 189–220.
[Online] Google Books, URL: https://books.google.at/books?id=avdsDwAAQBAJ

Thomas Nipperdey : Deutsche Geschichte 1800–1866. Bürgerwelt
und starker Staat. 2. Aufl., München 1984, Ch. Beck.
[Online] Google Books,
URL: https://books.google.at/books?id=d1qv4etdDAcC

Mario Puschner : Antisemitismus im Kontext der Politischen Roman-
tik. Konstruktionen des „Deutschen" und des „Jüdischen" bei Arnim,
Brentano und Saul Ascher. Max Niemeyer Tübingen 2008, Verlag
Max Niemeyer.
[Online] Google Books,
URL: https://books.google.at/books?id=AOFNPgx1VDUC

Hellmuth Rößler : „Arndt, Ernst Moritz" in: Neue Deutsche Biographie 1 (1953), S. 358–360.
[Online] URL: https://www.deutsche-
biographie.de/pnd118504118.html#ndbcontent

Karl Heinz Schäfer : Ernst Moritz Arndt als politischer Publizist.
Studien zur Publizistik, Pressepolitik und kollektivem Bewußtsein im
frühen 19. Jahrhundert. Bonn 1974, Röhrscheid. (Veröffentlichungen
des Stadtarchives Bonn; 13).

Sebastian Schermaul : Die Umsetzung der Karlsbader Beschlüsse an
der Universität Leipzig 1819–1848. Juristische Zeitgeschichte, Abteilung I, Bd. 24. Berlin, Boston 2013.
[Online] Google Books,
URL: https://books.google.at/books?id=ak7DcTbVmCwC

Eva Maria Schneider : Herkunft und Verbreitungsformen der „Deutschen Nationaltracht der Befreiungskriege" als Ausdruck politischer
Gesinnung. Band I. Inaugural-Dissertation, Friedrich-Wilhelms-
Universität Bonn. Bonn 2002.
[Online] http://www.burschenschaftsgeschichte.de,
Band 1: URL:
http://www.burschenschaftsgeschichte.de/pdf/eva_maria_schneider_d
eutsche_nationaltracht_01.pdf
Band 2: URL:
http://www.burschenschaftsgeschichte.de/pdf/eva_maria_schneider_d
eutsche_nationaltracht_02.pdf

Heinz-Elmar Tenorth, Charles McClelland : Geschichte der Universi-
tät Unter den Linden: Band 1: Gründung und Blütezeit der
Universität zu Berlin 1810–1918. Berlin 2012, Akademie Verlag
GmbH. Darin: Torsten Lüdtke : Turner, Burschen und Philister –
Studentisches Leben in Berlin. S. 269-324.
[Online] Google Books,
URL: https://books.google.at/books?id=OdewQVACuYUC

Sabine Wallig : Josef Sigmund Ebersberg und Ernst Moritz Arndt.
Die Auswirkungen der vormärzlichen Zensur auf das jugendliterari-
sche Wirken der Biedermeierzeit in Österreich und Deutschland.
Universität Wien, Diplomarbeit, 2009.
[Online] Universität Wien,
URL: http://othes.univie.ac.at/4691/1/2009-03-31_0204292.pdf

Heinrich August Winkler : Der lange Weg nach Westen.
Bd. 1: Deutsche Geschichte vom Ende des Alten Reiches bis zum
Untergang der Weimarer Republik. München 2002, C.H. Beck.
[Online] Google Books,
URL: https://books.google.at/books?id=7JMkAwAAQBAJ

Weitere ONLINE-QUELLEN

Die Abgeordneten der Frankfurter Nationalversammlung 1848/1849.
[Online] BIORAB-FRANKFURT,
URL: http://zhsf.gesis.org/fnv_db/fnv_db.php

Johann Christoph Amberger [Hg.] : Von der Turnerbewegung zur
Wehrgymnastik.
[08.08.2011, Online] Die Deutsche Hiebfechtkunst. Zur Geschichte
des deutschen Hiebfechtens mit geraden und krummen Klingen.
URL: https://hiebfechtkunst.wordpress.com

Ernst Moritz Arndt Gesellschaft
[Online] URL: https://www.ernst-moritz-arndt-
gesellschaft.de/index.php/ernst-moritz-arndt

Bundeszentrale für politische Bildung : Informationen zur politischen
Bildung (Heft 265) : Revolution von 1848, Scheitern eines Traumes.
[21.02.2010, Online] bpd.de ,
URL: http://www.bpb.de/izpb/9892/scheitern-eines-traumes?p=all

Deutsche Burschenschaft
[Online, Stichwort „Urburschenschaft"]
URL: https://www.burschenschaft.de

Jan von Flocken : Der Rhein – Deutschlands Strom, aber nicht
Deutschlands Grenze.
[31.12.2013, Online] Junge Freiheit, Wochenzeitung für Debatte,
URL: https://jungefreiheit.de/wissen/geschichte/2013/der-rhein-
deutschlands-strom-aber-nicht-deutschlands-grenze/

Stefan Jacob : Ernst Moritz Arndts Stellung zur Revolution von 1848
im Lichte seiner früheren Schriften. Zuerst veröffentlicht 1990.
[Online] URL:
http://www.stefanjacob.de/Geschichte/Unterseiten/Aufsaetze.php?Mul
ti=12/4_1

Björn Thomann : Ernst Moritz Arndt.
[Online] Internetportal Rheinische Geschichte,
URL: http://www.rheinische-geschichte.lvr.de/Persoenlichkeiten/ernst-
moritz-arndt-/DE-2086/lido/57adb145be6ca9.09940164

Volksliedarchiv, Müller-Lüdenscheidt-Verlag, Bremen. Stichwort:
„Johannes Cotta".
URL: https://www.volksliederarchiv.de/hintergrund/johannes-cotta-
portrait

Wikipedia – Die freie Enzyklopädie. Eintrag „Urburschenschaft".
[Online] URL: https://de.wikipedia.org/wiki/Urburschenschaft

***